A criança, o lar e a escola

Dados Internacionais de Catalogação na Publicação (CIP)
(Câmara Brasileira do Livro, SP, Brasil)

Weil, Pierre, 1924-2008.
  A criança, o lar e a escola : guia prático de relações humanas e psicologia para pais e professores / Pierre Weil ; ilustração Roland Tompakow – 26. ed. rev. e atual. – Petrópolis, RJ : Vozes, 2019.

Bibliografia.
ISBN 978-85-326-0554-2

  1. Educação 2. Educação – Finalidades e objetivos
3. Família e escola 4. Pais e filhos 5. Pais e professores
6. Relações interpessoais I. Tompakow, Roland. II. Título.

18-20605   CDD-371.01

Índices para catálogo sistemático:
1. Relações pais-professores na formação de crianças:
Educação   371.01

Iolanda Rodrigues Biode – Bibliotecária – CRB-8/10014

PIERRE WEIL

A criança, o lar e a escola

Guia prático de relações humanas e psicologia para pais e professores

EDITORA
VOZES

Petrópolis

© 1979, 2019, Editora Vozes Ltda.
Rua Frei Luís, 100
25689-900 Petrópolis, RJ
www.vozes.com.br
Brasil

Todos os direitos reservados. Nenhuma parte desta obra poderá ser reproduzida ou transmitida por qualquer forma e/ou quaisquer meios (eletrônico ou mecânico, incluindo fotocópia e gravação) ou arquivada em qualquer sistema ou banco de dados sem permissão escrita da editora.

CONSELHO EDITORIAL

Diretor
Gilberto Gonçalves Garcia

Editores
Aline dos Santos Carneiro
Edrian Josué Pasini
Marilac Loraine Oleniki
Welder Lancieri Marchini

Conselheiros
Francisco Morás
Ludovico Garmus
Teobaldo Heidemann
Volney J. Berkenbrock

Secretário executivo
João Batista Kreuch

Editoração: Leonardo A.R.T. dos Santos
Diagramação: Sheilandre Desenv. Gráfico
Revisão gráfica: Alessandra Karl
Capa: Rafael Nicolaevski
Ilustrações miolo: 128 ilustrações de Roland Tompakow
Revisão Técnica: Márcia Helena Fávero de Souza, Sandra Márcia
   Macedo Tolomelli e Vivianne Weil Afonso

ISBN 978-85-326-0554-2 (Brasil)

Editado conforme o novo acordo ortográfico.

Este livro foi composto e impresso pela Editora Vozes Ltda.

Para *minhas filhas*
Emmanuelle e Vivianne.

Sumário

Prefácio de Sandra Márcia Macedo Tolomelli, 11

Prefácio de Márcia Helena Fávero de Souza, 15

Introdução, 19

Parte I – Conheçamos a nós mesmos, 23

1 Por que somos assim?, 25

2 Querer e poder, 32

3 Razões das nossas simpatias e antipatias, 38

Parte II – Pais, professores e alunos nas suas relações humanas, 45

1 Pais e filhos nas suas relações humanas, 47

2 A arte de saber falar e de saber calar na educação, 54

3 Relações humanas entre a família e a escola, 60

4 Relações humanas entre professores e alunos, 68

5 Os educadores diante da revolta dos jovens, 75

Parte III – O papel do professor na educação, 85

1 A vocação do professor, 87

2 Como ensinar?, 96

Parte IV – Pequeno dicionário de psicologia educacional para os pais e professores, 115

Referências, 197

Índice geral, 199

Alguns termos utilizados neste livro tornaram-se inadequados e foram substituídos por outros, em decorrência das mudanças de valores e conceitos, vigentes na sociedade. Assim, destacamos que a utilização da terminologia considerada correta atualmente e contribui para a melhor compreensão da obra.

Prefácio de Sandra Márcia Macedo Tolomelli

A criança, o lar e a escola constitui-se em mais uma brilhante obra do renomado educador e psicólogo francês, Dr. Pierre Weil, que focaliza as relações e interação família e escola. Através de linguagem acessível, conflitos entre as relações são explicitadas, em seguida, é estabelecido um diálogo e o leitor é convocado a assumir uma postura, revelando-se quase um "passo-a-passo" para educadores, psicólogos, enfim diferentes profissionais. Publicada no final da década de 1950, vale ressaltar que, em certos trechos e/ou capítulos do livro, alguns conceitos, dicas e orientações foram contextualizados no período histórico citado.

Numa época em que predominava a concepção tradicional do ensino, em que a figura do professor era o centro do processo ensino-aprendizagem, Pierre questionava essa postura indicando a urgência de "aproximar o ensino da vida" (p. 57) e postulava como intervenção do professor "guiar, orientar, encorajar, estimular, descobrir e canalizar os interesses dos alunos" (p. 88).

Embora, naquele momento, não se discutisse a questão da inclusão escolar como política nacional de educação, o autor já preconizava o planejamento de estratégias de aprendizagem diversificadas que favorecesse a aprendizagem de todos: "a maioria dos assuntos que se programou para serem aprendidos pelos educandos, deve ser apresentada de tal forma que o aluno tenha oportunidade de participar com toda a sua pessoa"; e ainda "harmonizar os programas e os métodos de ensino e os processos da aprendizagem" (p. 104).

Ele já alertava sobre a urgência dos educadores considerarem as particularidades individuais dos educandos, cada um com sua estrutura biológica, psicológica, social e cultural, na escola e na vida, ou seja, o respeito à diversidade como eixo central do processo de aprendizagem na classe comum: "Entendemos com isso que o professor deve, não somente, colocar em função a maior parte de todos os sentidos dos educandos, mas, também, em movimento o seu corpo através da atividade de pesquisas ou de exercícios que correlacionem o conteúdo a aprender com a história e experiências pessoais do aluno; as emoções deste último devem entrar em jogo, estimuladas pelo nível de aspiração e a motivação de cada educando" (p. 104). Orientação que, infelizmente, ainda não faz parte da prática pedagógica de muitos educadores do século XXI.

Pierre também destaca a importância da interdisciplinaridade, criticando a apresentação das disciplinas de forma fragmentada. De maneira didática, ele exemplifica a importância de Pedro II, estabelecendo uma comparação através de uma aula expositiva e de uma aula com interação entre diferentes disciplinas, utilizando variados recursos e estratégias. Ele convoca o leitor para a importância da escola vinculada à realidade, ao cotidiano e profetiza: "Por outro lado, na vida de todos os dias, lendo o jornal ou fazendo compras dividimos nossos atos em linguagem, aritmética ou química. Se é verdade que a escola deve servir de elemento de preparo para a vida, será de toda a conveniência que os processos de aprendizagem escolar não se afastem demasiado da vida, senão iremos formar pessoas desligadas da realidade, o que, aliás, está acontecendo" (p. 107).

A importância e necessidade de reedição da obra se justificam porque, ao mesmo tempo em que representa um retrato fiel das ideias vigentes na época, a constatação da capacidade antecipatória do grande escritor é fascinante, constituindo-se, portanto, em um valioso material de estudo e pesquisa.

Sandra Márcia Macedo Tolomelli *
Juiz de Fora, outubro de 2018.

---

* Pedagoga especializada em Psicopedagogia, Assistente Social especializada em Planejamento e Gestão em Sistemas e Serviços de Saúde.

Prefácio de Márcia Helena Fávero de Souza

Inicialmente eu me apresento: sou Márcia Helena Fávero de Souza, psiquiatra da Infância e Adolescência, professora da Faculdade de Medicina da Universidade Federal de Juiz de Fora, mestre e doutora, mãe de dois filhos e, recentemente, avó. Escrevo a partir de todos esses papéis. Ainda no início da vida profissional, tive a oportunidade de ouvir Pierre Weil e encantei-me com a riqueza e a simplicidade de seus ensinamentos. Ele parecia dizer o que gostaríamos de ouvir, porque estava adormecido e precisava ser resgatado. Foi com essa primeira reação emocional que iniciei a leitura de sua obra, encontrando, para além, um imenso corpo de conhecimentos.

Mas o que torna especialmente o livro *A criança, o lar e a escola* uma obra digna de uma nova edição e consequente divulgação? O autor introduz o livro definindo que faltava uma obra que abordasse o aspecto da psicologia e das relações humanas, relacionado às relações e interação família e escola. E conta que se esforçou para oferecer em linguagem acessível noções de sociologia individual e social aplicadas a problemas de educação. Seu público alvo seria formado por pais, professores, assistentes sociais e educadores em geral. E assim ele o fez. Escreve em 1959 sobre a interação família e escola, considerando que profissionais de diferentes áreas do saber participariam da aplicação de conhecimentos. Considero essa uma primeira e brilhante antecipação do que hoje seria ampla e fortemente considerada como a base da educação e da prevenção em saúde mental de crianças e adolescentes. A construção coletiva e interprofissional de uma rede de apoio aos pais e à escola. A seguir, didaticamente, Pierre Weil divide o livro em uma primeira parte dedicada ao autoconhecimento, quando apresenta conceitos tais como personalidade, temperamento, nível de aspiração e simpatia, surpreendentemente atuais e básicos no ensino de Psicologia, incluindo a Psicologia Médica. No entanto, ele ressaltou que haveria, até então, pouco estudo no plano científico sobre o tema. Mais uma antecipação!

A segunda parte objetivou tratar das atitudes dos professores e da relação "pais-professores-alunos", cuja leitura é prazerosa. Ao abordar o tema "Falar ou calar no ensino", quando o autor enfatiza a importância dos "métodos ativos de ensino", reconhecemos ali descritos os princípios das metodologias ativas de ensino e aprendizado, base da matriz curricular dos novos cursos de ensino em saúde. Mais uma antecipação! E culmina com um pequeno texto sobre a "Educação para a liberdade", que penso poderia ser a inspiração para as novas diretrizes da educação de nosso país. A terceira parte, mais especificamente dedicada aos professores, enfatiza a importância da motivação, retomando o tema do ensino moderno e dinâmico. Ao escrever sobre os métodos de ensino e a motivação na aprendizagem, o autor oferece um surpreendente e corajoso caminho para uma pedagogia "na qual entram em ação todos os sentidos, "na vida de todos os dias". Antecipando o que hoje estamos a descobrir...

E, por fim, o "Pequeno dicionário de psicologia para pais e professores", definido pelo autor como instrumento de consulta, justificado por uma observação sobre a assimilação ser mais eficiente quando acompanhada de motivação! Essa seção traz alguns conceitos e denominações não atuais (e que foram atualizados em notas), mas também outras que adicionam um interessante valor histórico à obra, como as recomendações de cuidado com a influência da televisão e do cinema sobre o comportamento das crianças e "o preparo das meninas para o casamento". E como mais um exemplo de antecipação de conhecimentos somente recentemente reconhecidos, o autor discute as variáveis formas de défice de atenção, diferenciando as consequentes à falta de estímulos, aos fatores de ordem fisiológica, ou relacionadas ao retardo mental, assim como discuto o diagnóstico diferencial de transtorno hipercinético com meus alunos atualmente.

Pelo exposto, considero muito valiosa e recomendo fortemente a leitura deste verdadeiro tesouro em psicologia e educação, rico em segredos de um grande mestre em psicologia, pois espero que outras pessoas, pais e profissionais, possam experimentar a emoção que sinto ao lê-lo, enquanto cresçam em aprendizado.

Márcia Helena Fávero de Souza
Juiz de Fora, outubro de 2018.

Introdução

O nosso livro *Relações humanas na família e no trabalho*, como indica o título, visava dar noções de psicologia social, no que se refere mais especialmente às relações interpessoais, a todos os que labutam em empresas públicas ou particulares, relacionando no mesmo livro a vida profissional e a vida familiar, pois, conforme mostramos, há uma interação tão grande que, problemas surgindo na profissão, têm repercussão no lar e vice-versa.

Faltava, no entanto, uma obra que focalizasse outro aspecto da psicologia e das relações humanas no que tange às relações e interação família e escola.

O presente livro parece preencher essa necessidade; por isso mesmo pode ser considerado como prolongamento indispensável de *Relações humanas na família e no trabalho*.

Com efeito, fizemos um esforço para juntar, em linguagem simples e acessível aos pais, professores, assistentes sociais, normalistas e educadores em geral, noções de psicologia individual e social aplicadas a problemas de educação.

Consideramos que o educador precisa, cada vez mais, se conhecer melhor; por isso, a primeira parte será consagrada ao tema "Conheçamos a nós mesmos", onde, além de elementos de psicologia diferencial, apontamos os problemas das frustrações provenientes de conflitos entre níveis de aptidão e de aspiração; insistimos, também, na mesma parte sobre a necessidade de desconfiarmos das nossas simpatias e antipatias.

A segunda parte trata do problema das atitudes dos educadores e da sua repercussão sobre os educandos, assim como das relações entre a família e a escola, fechando-se o triângulo "pais-professores-alunos".

Julgamos útil consagrar a terceira parte mais especialmente à missão do professor, atraindo a atenção deste sobre a importância das suas próprias motivações nas suas relações com os alunos, apontando-lhes, também, caminhos para um ensino moderno, dinâmico e eficiente; os pais que não estiverem interessados nesta parte poderão deixar de lê-la; acreditamos, no entanto, que muito lucrariam em se preocupar com o assunto, pois a sua tarefa na orientação dos deveres em casa assume caráter de magistério.

"Pequeno dicionário de psicologia para pais e professores" completa este volume; esperamos que a quarta parte seja bastante proveitosa para todos os que precisam de resposta rápida aos problemas de educação; evitamos dar "receitas", pois sabemos que cada caso é diferente do outro; o leitor, no entanto, encontrará, por ordem alfabética, orientação quanto aos casos que costumam surgir mais frequentemente na família ou na escola; utilizamos a classificação alfabética pois é ela a melhor forma de atender às necessidades dos educadores; não havendo tempo de ler o livro todo, este constituirá instrumento de consulta para os momentos oportunos, o que aliás, do ponto de vista da aprendizagem, é o mais recomendado: assimilação mais eficiente quando acompanhada de motivação.

Queremos, por fim, assinalar que o presente livro responde aos apelos de muitos de nossos leitores de artigos esparsos que nos pediam insistentemente reuni-los num volume; o presente livro foi organizado partindo dos nossos escritos da *Revista Esso*, do *Correio do Senac*, da *Revista Banlavoura* e do *Suplemento de Puericultura* do *Diário de Notícias*; no que se refere a este último, queremos mais especialmente agradecer ao nosso amigo Darcy Evangelista a preciosa colaboração que nos deu, insistindo periodicamente durante quase oito anos para que lhe mandássemos a nossa crônica dominical, crônica que constitui a matéria essencial do "Pequeno dicionário para pais e professores"[1].

Pierre Weil
Belo Horizonte, 3 de agosto de 1959.

---

1 Cf. tb. cap. 4, § 1.

Parte I
Conheçamos a nós mesmos

1
Por que somos assim?

Razões dos nossos êxitos e fracassos – Penalidades e seus componentes; fatores intelectuais, tendências, temperamento e caráter.

§ 1 O que é a personalidade?

Suponhamos que o leitor esteja conversando com um amigo e que este de repente o acuse de ser mentiroso; a essa situação chamada de frustração, poderá reagir de modos diversos: defender-se, injuriar o amigo, renunciar despedindo-se, sorrir amavelmente e desculpar o amigo pelo seu engano etc.

Cada qual tem maneira diferente de reagir a frustrações e de adaptar-se a ambientes e situações novas.

E justamente isso "compõe" a personalidade que pode ser definida como um conjunto de características que determinam a nossa maneira de ser, bem como a de nos adaptarmos ao ambiente.

Nesse conjunto de características, apresentado como definição de personalidade, por determinar nossa maneira de agir, bem como a de nos adaptarmos ao ambiente em que vivemos, torna-se possível destacar três fatores de importância: nossas funções intelectuais, nosso temperamento, assim como nosso caráter.

§ 2 As nossas funções intelectuais

Por muito tempo, acreditou-se que, para chegar a ser diretor ou presidente de uma companhia ou fazer estudos superiores, bastava ter "força de vontade"; ora, a experiência mostrou que outros fatores intervêm favorecendo ou dificultando a promoção nos estudos ou na profissão; segundo pesquisas, um dos principais é a inteligência geral, que nos permite adaptarmo-nos às situações novas. Por exemplo: uma criança que se utiliza pela primeira vez de uma cadeira para pegar uma bola que não está ao seu alcance, faz prova da inteligência; um macaco que emprega uma vara para fazer cair uma banana, demonstra inteligência.

Há, porém, uma grande diferença entre a inteligência de uma criança de três anos e a de um adulto; por isso pode-se falar em níveis de inteligência ou nível mental de três, quatro ou doze anos por exemplo. Para cada idade existem diferenças quanto ao grau de inteligência. Distinguem-se os graus da forma abaixo esquematizada:

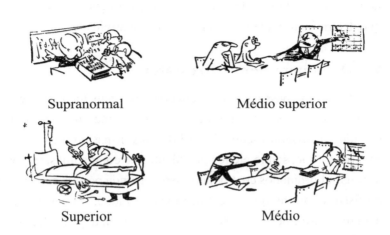

e mais os graus médio-inferior, inferior e infranormal.

A natureza faz com que as pessoas de inteligência superior e inferior sejam mais raras que as de inteligência média, conforme mostra a ilustração abaixo, baseada na "Curva de Galton"[2]:

Infradotado 2% (médio-interno) (médio) (médio-superior)
supranormais 2%, médios 96%

---

[2] O estatístico inglês Francis Galton foi pioneiro ao criar um teste padronizado para classificar a inteligência de uma pessoa a ao aplicar métodos estatísticos para o estudo da diversidade humana, estabelecendo teorias sobre a relação da inteligência humana e a hereditariedade, descritas nas *Investigações sobre a faculdade humana e seu desenvolvimento* (1883).

O mesmo se passa com as outras habilidades intelectuais, com aptidão numérica que favorece o êxito em contabilidade e estatística; a aptidão verbal muito desenvolvida nos que tiveram sucesso no jornalismo, na secretaria e no ensino das línguas; e outras ainda que determinam o êxito em outros tipos de atividade.

§ 3 O temperamento e o caráter

Há, porém, pessoas muito bem dotadas intelectualmente e que, às vezes, foram os primeiros alunos na escola, mas que fracassaram na vida: fracassaram sendo despedidos das firmas por insubordinação, ou porque, sendo eleitos presidentes de companhias, tratavam os seus subordinados com pouco caso; ou ainda porque escolheram profissões para as quais demonstravam aptidão, mas não tinham bem interesse e nem tendências. O êxito na vida depende não só da inteligência, mas ainda do temperamento e do caráter.

Usa-se a palavra temperamento quando se fala nos traços da personalidade com os quais nascemos e que fazem parte da nossa constituição; esses traços são estreitamente ligados ao nosso físico. Podem-se distinguir vários tipos humanos segundo a classificação de Kretschmer (1921):

O tipo afetivo

Predomina nas pessoas gordas, viscerais; são, em geral, sociáveis e prestativas, gostam de conversar demoradamente e têm horror de ficar sozinhas; quando estão aflitas procuram sempre companhia; choram e riem, e o fazem com muita facilidade.

O tipo ativo

Encontra-se mais frequentemente em pessoas musculosas, de tipo atlético; essas pessoas não podem ficar paradas; têm necessidade de realizar algo; geralmente são muito agressivas e, em maior ou menor grau, fracas.

O tipo introvertido

Predomina nas pessoas magras por constituição; são tímidas, inibidas; mas, em compensação, reagem rapidamente quando estimuladas; são verdadeiras "pilhas elétricas" possuindo grande sensibilidade. Na realidade, os tipos que descrevemos são relativamente raros em estado puro. Cada um de nós é uma mistura, uma resultante desses tipos; assim, por exemplo, o tipo afetivo-ativo terá um temperamento apaixonado, enquanto o ativo-introvertido, mas sem afetividade, será um tipo bem diverso, será um tipo fleumático.

Temperamento + meio ambiente = caráter

Existem muitas pessoas que, apesar de terem um físico e um temperamento ativo, ou afetivo, tornaram-se introvertidas e reservadas sob influência de uma educação severa ou brutal; fala-se neste caso em caráter introvertido, por exemplo. O caráter de uma pessoa é resultante da ação do meio ambiente sobre o temperamento.

É muito difícil conhecer-se a si mesmo; cada um de nós tem uma opinião deformada e até mesmo falsa sobre a maneira pela qual somos vistos de fora.

Do mesmo modo, é muito difícil conhecer o que se passa dentro de uma pessoa assim como prever as suas atitudes.

Graças às pesquisas realizadas desde o início do século XX, em psicologia científica, é possível hoje ter-se uma ideia não somente das características intelectuais das pessoas, mas ainda dos seus interesses e tendências, do seu temperamento e do seu caráter.

As vantagens do exame psicológico, realizado por técnicos idôneos e com formação universitária, são bastante conhecidas. Poderíamos contar centenas de exemplos da utilidade desses exames. Vamos citar apenas um, bem ilustrativo:

Há alguns anos, uma grande indústria nos chamou para verificar, entre os seus empregados quais eram os capazes de receber treinamento de chefia ou de serem promovidos. Examinamos todo o pessoal; traçamos o perfil psicológico de cada um e entregamos o resultado com os respectivos conselhos à direção superior. Além disso, demos conselhos individuais a cada um dos empregados, a fim de desenvolverem as suas qualidades que muitos ignoravam ou depreciavam.

Os resultados foram surpreendentes; muitos dos que foram indicados como capazes de serem promovidos hoje ocupam posições melhores na companhia; duas datilógrafas[3] tornaram-se secretárias de direção; a companhia seguiu os conselhos recebidos, pagando os estudos para aperfeiçoá-las; os chefes tornaram-se mais compreensivos em relação aos seus subordinados; muitos destes melhoraram de salário e aumentaram o seu rendimento pelo simples fato de haverem sido colocados em ocupação mais condizente com as suas capacidades; enfim, resultou disso um bem-estar geral, um aumento de produtividade.

Exemplo de ocupação contrária à personalidade. A inteligência superior permite – e, cá para nós, neste caso até exige – a execução de tarefa inadequada ao seu temperamento, para evitar um sofrimento maior. Mas sofre a qualidade do serviço que ele está prestando.

---

3 Datilógrafo era o profissional que utilizava a máquina de caracteres para escrever textos, até meados da década de 1980, quando surgiram os computadores pessoais. Corresponderia atualmente à mesma função dos digitadores.

2
Querer e poder

Se se perguntar a alguém o que pretende fazer depois dos seus estudos de Direito e este responder que quer ser presidente da república, ficaremos em dúvida quanto ao seu equilíbrio mental; o mesmo se dará se nos responder que quer ser faxineiro.

No primeiro caso, diremos que essa pessoa tem um nível de aspirações extremamente elevado; no caso contrário, o seu nível de aspirações é considerado baixo.

O nível de aspiração é uma das descobertas da psicologia; se lhe atribui grande importância na conduta humana. No entanto, não pode ser tomado em consideração sozinho, mas em relação a outros fatores da personalidade. Se soubermos, por exemplo, que a pessoa que quer ser presidente da república é um indivíduo com aptidões acima do normal e que, além disso foi, há pouco tempo, eleito vereador com uma maioria esmagadora de votos, já não acharemos tão tola a ideia: julgaremos o moço um pouco apressado.

Por que mudamos de ideia? É que comparamos o nível de aspiração com o nível de aptidão real dessa pessoa; fizemos o cotejo entre o *querer* ser presidente da república e o *poder* sê-lo.

O confronto entre o nível de aspiração, isto é, o *querer* ser, e o nível de aptidão, ou o *poder* ser, levou os psicólogos a fazerem observações de grande importância sobre os motivos profundos da conduta humana.

§ 1 O que esperamos da vida?

Qualquer um de nós pretende ser ou realizar algo na vida. Queremos, na profissão, ser um bom mecânico, um grande político, ou ganhar muito dinheiro como comerciante. Se trabalharmos no setor administrativo, procuraremos galgar os diferentes graus da nossa categoria e chegar a ser chefe do nosso próprio serviço. Na vida íntima, queremos nos casar com uma moça bonita, ou muito rica, muito alguma coisa. É no muito e no mais algo que consiste o nosso nível de aspiração.

Podemos nos perguntar: como se forma o nosso nível de aspiração? Uma vez formado constitui ele algo estável na nossa personalidade ou ainda varia? A formação dos nossos objetivos de vida é algo de extremamente complexo e depende de muitos fatores. O maior deles é o número de frustrações às quais fomos expostos no passado sem ter tido a possibilidade de superar os obstáculos. Um rapaz de quatorze anos queria fazer todos os seus estudos secundários, colegial e superior[4], para ser mais especia-

---

4 A LDB (Lei de Diretrizes e Bases da Educação – 9.394/1996, promulgada em 20/12/1996, renovada e atualizada de acordo com as necessidades contextuais, com

lista em eletrônica. Aconteceu que perdeu os seus pais, os quais não lhe deixaram posses. Uma tia pobre tomou o encargo de lhe dar casa e comida, mas teve de procurar emprego para ajudá-la. Por cúmulo de azar, caiu doente e o médico lhe proibiu de estudar à noite; resignou-se, abandonou seu sonho, isto é, baixou o seu nível de aspiração. Isso é um exemplo de como o nível de aspiração pode mudar em função de um fator de natureza econômica, modificando os objetivos de uma vida.

Há outros fatores. Eis o que aconteceu numa grande casa de comércio do Rio de Janeiro que procurava um gerente para sua filial; procurou um psicólogo para escolher, entre os candidatos, alguém que tivesse as características necessárias ao exercício da profissão de gerente. O psicólogo sugeriu uma experiência: em vez de procurar a pessoa fora, tentaria procurá-la dentro da empresa. Fez uma primeira triagem e logo em seguida foi examinado um dos vendedores mais antigos que tinha se sobressaído pelos seus resultados extremamente elevados nos testes de inteligência. Após entrevistas e exames da personalidade, o psicólogo aconselhou a empresa a promover esse funcionário que, por sinal, era muito antigo, mas nunca tinha atraído a atenção sobre si; era um empregado cumpridor de seus deveres, mas modesto nas suas atitudes e nas suas pretensões. E justamente essa modéstia e a sua atitude reservada e resignada o prejudicavam em sua carreira. Confessou ao psicólogo que ignorava essas suas aptidões e que estava convencido de que

---

a última atualização em março de 2017, por meio da Lei 13.415), no cap. I, art. 21 divide o sistema de educação brasileiro da seguinte forma: Educação Básica, formada pela Educação Infantil (creche e pré-escola), Ensino Fundamental (anos iniciais 1º ao 5º ano; anos finais 6º ao 9º ano) e Ensino Médio; Educação Superior.

dava para nada mais do que aquilo que já estava fazendo. Hoje, é um dos melhores gerentes da firma. Nunca lhe tinha ocorrido a ideia de ser promovido, por ignorância da sua própria capacidade. O seu nível de aspiração não estava mais elevado por desconhecimento do seu nível de aptidão.

§ 2 Explicação das nossas atitudes na vida

O confronto entre o nível de aspiração e nível de aptidão foi, por conseguinte, bastante proveitosa na história que acabamos de contar e mostrou que uma atitude tímida e resignada pode ser devida a presença de um nível de aspiração baixo por ignorância da existência de um nível de aptidão elevado.

Muitas atitudes humanas podem ser explicadas em relação ao *querer* e ao *poder*. Por exemplo, conheci há alguns anos um pai que veio me procurar porque o seu filho de vinte e quatro anos estava nervosa, revoltado e insatisfeito com tudo e com todos. Por qualquer motivo explodia e se queixava de que esta vida não valia mais a pena de viver. Examinei o rapaz e constatei que tinha um nível intelectual médio que lhe permitia exercer grande número de atividades profissionais. No entanto, não podia considerá-lo como gênio; estava realmente exercendo função muito bem remunerada para sua idade.

Eu não vi nenhum motivo aparente para queixa; estava noivo e no plano sentimental não havia problemas. Conversando

com o rapaz, notei que insistia na ideia de que tinha fracassado profissionalmente, que hoje poderia ser "um grande médico", ou "um grande advogado", ou "um grande político", mas que não tinha conseguido passar pelo segundo científico[5], e que agora estava arrependido etc. Verifiquei aos poucos que os seus pais o tinham criado na ideia de que deveria ser mais tarde grande "intelectual". Essa ideia penetrou insidiosamente no seu subconsciente e criou um nível de aspiração exatamente elevado, muito mais do que o nível de aptidão; o *querer* estava muito além do *poder*.

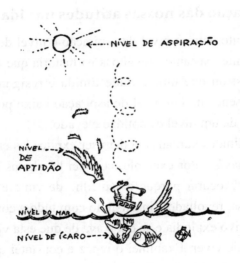

Numerosas pessoas insatisfeitas, ranzinzas, irritáveis e revoltadas ficaram assim porque miraram alto demais o que poderiam ser na vida.

---

5 Corresponde atualmente ao segundo ano do Ensino Médio.

§ 3 O equilíbrio entre o poder e o querer

O ideal é conseguir alcançar objetivos que estejam dentro dos limites das nossas possibilidades reais. Para isso, é necessário nos conhecermos bem.

Na realidade, a maioria das pessoas tem uma visão deformada de si mesma. Investigações realizadas na Universidade de Louvain, por uma equipe de psicólogos, colocaram em relevo o fato de que havia pessoas com tendências permanentes a se subestimar, enquanto outras superestimam as suas qualidades e os resultados reais obtidos na vida. Essa atitude pessimista ou otimista em relação a si mesmo tem provavelmente grande influência sobre a formação do nosso nível de aspiração. É na medida em que nós nos conhecemos melhor que podemos ajustar o nosso nível de aspiração à nossa capacidade real. A psicologia aplicada e, mais particularmente, a orientação profissional, permitem fazer um balanço objetivo das aptidões de cada pessoa, ajudando-a a ajustar o *querer* ao seu *poder*.

3
Razões das nossas simpatias e antipatias

"Acho João um rapaz tão simpático!" "Que interessante, eu não posso ver a fisionomia dele nem em pintura!" – eis observações que se ouvem comumente nas conversas de todos os instantes.

Por que mistério certas pessoas são simpáticas a uns e antipáticas a outras? O fato de a mesma pessoa inspirar sentimentos diferentes conforme o indivíduo que a encara, foi comprovado cientificamente pela seguinte experiência: mostrando as mesmas fotografias a pessoas diferentes e pedindo-lhes classificá-las em simpáticas, neutras ou antipáticas, constatou-se que o mesmo retrato provocava quase tantas antipatias como simpatias, demonstrando assim que a simpatia é algo de puramente pessoal e subjetivo de quem faz a observação.

Isso é muito importante em relações humanas, pois da atração ou repulsão que sentimos por determinada pessoa depende, muitas vezes, a nossa maneira de tratá-la. As pesquisas da psicologia so-

cial colocaram um relevo a importância da simpatia no rendimento do trabalho em equipe. Grupos compostos de pessoas que se simpatizam entre si têm moral e produção superior à grupos cujos membros se antipatizam. Isto é considerado por certas empresas tão importante que, antes de organizar novo escritório ou nova oficina, procuram, por meio de pesquisas especializadas, agrupar pessoas que gostam e podem trabalhar em conjunto.

Se é tão importante a simpatia nas relações humanas convém conhecer melhor a sua origem, a sua formação, assim como os fatores que tornam as pessoas simpáticas para uns, antipáticas para outros.

Por incrível que pareça, o fenômeno foi ainda muito pouco estudado no plano científico, de tal modo que só poderemos dar algumas explicações possíveis da simpatia, explicações que não podem ser consideradas como definitivas, mas se apoiam nas grandes correntes psicológicas modernas. Talvez algumas delas sejam discutíveis, talvez todas elas estejam certas. Estudos mais acurados serão ainda necessários para confirmar o que vamos expor a seguir sobre tão controvertido problema.

§ 1 As origens inconscientes da simpatia

Freud mostrou ao mundo que muitos aspectos do nosso comportamento tinham origens inconscientes e explicou a formação de certas doenças nervosas pela história pessoal e familiar do doente.

O mesmo se pode fazer com a simpatia. A seguinte história ilustra o fato e faz o leitor compreender a importância do inconsciente na formação da antipatia da mãe pelo próprio filho: um dia, uma senhora veio procurar-me, queixando-se de que não sabia por que tinha verdadeira ojeriza em relação ao seu menino. Como mãe, deveria gostar dele, mas tinha momentos em que sentia tal irritação que se via compelida a bater nele. Conversamos longamente com essa senhora, fizemos o exame psicológico do filho e da mãe, sem encontrar motivo para tal antipatia. A senhora já se ia despedindo quando me veio de repente uma ideia: "Com quem o seu filho é mais parecido na sua família?" – "Com meu irmão. Já sei onde o senhor quer chegar. Realmente, não me dava bem com ele. Tínhamos muitas brigas, pois a minha mãe mostrava preferência por ele e então passei a odiá-lo. Até hoje não falo com ele. Deve ser por isto que não gosto do meu filho". Essa mulher nunca tinha pensado nisso antes e deixou-se levar completamente por uma atitude inconsciente.

O mesmo pode acontecer, provavelmente, com muitas pessoas. Por isso, não é demasiado desconfiarmos desse sentimento quando aparece sem motivo razoável. O chefe com o qual antipatizamos pode ser parecido com um irmão, tio ou mesmo colega de trabalho com o qual não nos dávamos bem no passado.

Mas existe outra explicação da simpatia. É a que foi dada pelo médico húngaro Szondi e conhecida hoje em psicologia pela denominação de genotropismo.

§ 2 "Genotropismo" e simpatia

Szondi[6] recebeu, um dia, no seu gabinete, um casal. O marido descreveu uma doença mental que estava afetando a sua esposa. Após a descrição o Dr. Szondi observou que, algumas semanas atrás, uma senhora do interior o tinha visitado por apresentar doença mental exatamente com os mesmos sintomas: "Pois essa senhora é minha mãe" – exclamou o marido.

Szondi procurou então saber por que essas duas pessoas se casaram sem ter ligação alguma de parentesco e a mãe do marido tinha a mesma doença mental que a esposa. Isso não devia ser devido ao simples acaso. Havia outra coisa que aproximou o casal.

Szondi fez, então, a hipótese de que as pessoas seriam atraídas pela simpatia, quando tinham nas suas famílias o mesmo tipo de doença: assim, por exemplo, os que têm esquizofrênicos nas suas famílias teriam tendência a simpatizar com esquizofrênicos e, quando do sexo oposto, a casarem entre si.

A fim de verificar se sua hipótese estava certa, procurou árvores genealógicas de mais de trezentos doentes mentais, constatando que havia mesmo grande quantidade de pessoas casadas com o mesmo tipo de doença mental dos dois lados da família. Szondi

---

6 Médico húngaro, que teve suas teorias inicialmente publicadas no livro *Análise do destino: escolha no amor, amizade, profissão, doença e morte* (1944).

explica esse fato com a ação dos "genes" dessas doenças sob forma de atração, donde o nome de "genotropismo". A sua teoria é muito discutida e provoca grandes controvérsias, sobretudo pelo fato de que nada prova que todas as doenças mentais tenham caráter hereditário e, por conseguinte, sejam transmitidas pelas pequenas partículas de cromossomos, chamadas "genes"[7].

Poder-se-ia muito bem imaginar que a atração é devida ao fato de que as pessoas com antecedentes mentais idênticos têm uma maneira próxima de se conduzir e de encarar essa vida com os mesmos pontos de vista, pontos de vista estes que os aproximam; simpatizam porque sintonizam. Essa "sintonia" parece ter ainda outra explicação, dada através do que é chamado "psicologia da forma"[8].

§ 3 A relação "figura-fundo" e simpatia

O leitor, olhando para esta figura, vê um cálice, mas procurando um pouco mais, também pode ver dois rostos de perfil; enquanto vê os perfis não percebe o cálice; inversamente, enquanto encara o mesmo é impossível ver aqueles dois perfis. Por que isto? A explicação está no fato de as pessoas verem o cálice como "fundo" quando concentram a sua atenção nas silhuetas negras. Quando, pelo contrário, encaram o preto como fundo, veem o cálice. Se, agora, em vez do cálice, colocamos os defeitos de uma pessoa e como fundo as suas qualidades, teremos tendência a encarar a pessoa como antipática. Se,

---

[7] Atualmente há evidências sobre a interação de fatores genéticos e ambientais no desenvolvimento de transtornos mentais.

[8] Também chamada de *psicologia da Gestalt*, concepção de que não se pode conhecer o todo através das partes, e sim as partes por meio do conjunto. Principais representantes Kurt Koffka, Wolfgang Köhler e Max Wertheimer, a partir de 1870 e válida até hoje.

 pelo contrário, colocamos como fundo os seus defeitos e em relevo suas qualidades já então a pessoa nos será simpática. Os defeitos podem ser os mais diversos possíveis: atitude disforme, detalhe chocante no ponto de vista estético, vestimenta suja ou rasgada, tiques, voz dissonante, ausência de sorriso, de boas maneiras etc.

Basta encarar só esses defeitos e a pessoa parecerá antipática. Qual das três explicações é a mais correta? O inconsciente, o "genotropismo" ou a "psicologia da forma"? É ainda cedo para tirar qualquer conclusão definitiva a esse respeito.

No entanto, está demonstrado, qualquer que seja a explicação, que a simpatia e antipatia são sentimentos dos quais devemos sempre desconfiar, pois são influenciados por fatores meramente subjetivos. Basta o conhecimento desse fato para muitas pessoas melhorarem nas suas relações humanas. Se, além disso, conseguem, em cada caso, descobrir as razões das suas antipatias, então conseguirão mesmo vencer suas aversões.

Parte II

Pais, professores e alunos nas suas relações humanas

1
Pais e filhos nas suas relações humanas

Por muito tempo se pensou que as pessoas "nasciam ciumentas, autoritárias, sociáveis, tímidas ou introvertidas. É verdade que existem, conforme vimos em capítulo anterior ("Por que somos assim?"), certas predisposições ou tendências fisiológicas e hereditárias, as quais influem na formação da nossa personalidade. No entanto, a educação que recebemos modifica ou reforça o nosso temperamento. O papel dos pais é bem importante.

Pesquisas de psicanálise e de psicologia social colocaram em destaque o fato de a conduta dos filhos na escola e em casa ser, em grande parte, uma reação ao comportamento dos pais para com os filhos. Isso é a tal ponto verdadeiro, que se constatou que a maioria dos problemas de comportamento, tais como a ausência de atenção, brutalidade ou instabilidade, são causados pela conduta e pelas atitudes dos pais. Já é lugar-comum a afirmação de que há mais "pais problemas" do que "filhos problemas".

É clássica a história do menino, que podemos chamar convencionalmente de Joãozinho. Não ficava um instante parado no banco escolar; beliscava os colegas, fazia caretas, rasgava os cadernos, andava sempre desleixado.

O professor, aflito, aconselhou aos pais procurar um psicólogo. Este não teve dificuldade em descobrir a verdadeira causa do "nervosismo" da criança:

os pais brigavam entre si na frente dele; além disso, batiam-lhe de correia, duas ou três vezes por dia, para "fazer passar o mau gênio".

Professores perspicazes podem adivinhar atitude dos pais em casa pela simples observação do comportamento dos filhos na escola. Iremos, a seguir, descrever algumas dessas atitudes e mostrar como os filhos se comportam e reagem em função delas.

§ 1 Indiferença e rejeição

A criança necessita imperiosamente de carinho, de proteção, de atenção. Existem pais que, por incrível que pareça, se recusam sistematicamente a dar qualquer um desses alimentos psicológicos indispensáveis ao crescimento harmonioso dos filhos.

É o caso, por exemplo, da senhora que nunca consegue pegar a sua filha no colo. Sempre inventa uma desculpa: tem muitos afazeres, necessita cuidar dos seus compromissos com as amigas, ou então tem de fazer compras ou cuidar da cozinha. O fato é que, no momento de a filha reclamar alguma atenção ou algum carinho, a mãe procura fugir. Se se perguntasse por que, provavelmente ela não saberia responder, pois se trata de conduta de origem  inconsciente originada, por exemplo, no ciúme da menina em relação ao marido, ou numa acentuada parecença física da própria filha com uma irmã ou com um parente, com o qual entrara em conflito quando criança.

As crianças rejeitadas procuram carinho fora do lar. São, em geral, angustiadas e ávidas em atrair a atenção dos professores e dos colegas sobre elas. São eternos insatisfeitos e muitas vezes instáveis; quando adultos, podem passar a exigir demasiado carinho por parte do cônjuge e provocar assim desajustamentos conjugais bem sérios.

§ 2 Pais superprotetores

Existe também atitude oposta. Em vez de não dar atenção e carinho, superprotegem os filhos, não lhes deixando um minuto de sossego.

"Cuidado, você vai se machucar". "Cuidado, você vai cair da janela". "Papai fica junto de você". São fases despejadas em cima das pobres crianças; não podem fazer um movimento sem ser ajudadas; são crianças criadas em algodão.

Quando entram para a escola, em contato com colegas e com um regime de igualdade de tratamento entre todos, essas crianças constituem verdadeiros problemas, pois

não conseguem adaptar-se. Ficam tímidas, retraídas, caem em si e muitas vezes não conseguem aprender. Sentem-se completamente perdidas, tão acostumadas estão com a presença e os mimos dos pais.

§ 3 A brutalidade

Acostumados que estamos a orientar adolescentes, tivemos contato com muitos deles e com seus pais. É incrível constatar quantas crianças, ainda no século XX chamado de "civilizado", apanham de chinelo, correia ou bofetadas, isto em todos os meios sociais, seja na classe rica, média ou pobre[9].

---

9 Não havia à época uma lei como o Estatuto da Criança e do Adolescente (ECA – 8.069/1990), que tratasse dos direitos das crianças e adolescentes. As medidas protetivas adotadas pelo ECA são para proteger a criança e o adolescente brasileiros, sem distinção de raça, cor ou classe social, de qualquer forma de negligência, dis-

Conforme o temperamento dos filhos, tal maneira de educar provoca duas reações bem diferentes: ou a criança passa a imitar os pais a bater também nos colegas, amigos e nas crianças menores, ou então toma atitude de "cão abatido", caindo numa timidez extrema, numa inibição tal que fica com medo de qualquer adulto, seja dos pais, parentes ou professor.

Existem crianças que parecem não dar importância, acostumada que estão de tanto apanhar.

§ 4 Pais rígidos e autoritários

Muitos pais fazem questão, antes de tudo, de serem obedecidos ao pé da letra. Por outro lado, não admitem erro; qualquer falha é imediatamente apontada e a criança recebe o castigo correspondente, suspensão de brinquedo, de cinema, de passeio ou supressão de sobremesa. Quando a criança faz alguma coisa bem feita, os pais rígidos e autoritários não ligam porque acham isso natural; e, como é impossível a criança ser modelar no

---

criminação, exploração, violência, crueldade e opressão, por qualquer pessoa que seja, devendo ser punido qualquer ação ou omissão que atente aos seus direitos fundamentais. Para o Estatuto, considera-se criança a pessoa de até doze anos de idade incompletos, e adolescente aquela compreendida entre doze e dezoito anos.

sentido desses pais, os filhos passam grande parte da semana em regime de castigo.

Crianças tratadas assim tornam-se rapidamente vítimas de complexos de inferioridade em relação a colegas que têm a felicidade de possuir pais mais compreensivos. Também se desenvolve nelas complexo de culpa, medo de serem castigadas e atitude permanente de expectativa do fracasso; rebeldia contra tal regime aparece sobretudo na idade da adolescência.

§ 5 Pais democráticos

Dar carinho quando é necessário, louvar o esforço e recompensar a criança quando agiu certo é atitude de muitos pais que conseguem, com isso, que os seus filhos cresçam num ambiente feito de compreensão, de calma, de respeito humano. A educação dada por esses pais procura, antes de tudo, desenvolver na criança o senso de responsabilidade, confiando-lhe muitas pequenas tarefas e fazendo com que ela *queira o que ela faz e não faça o que quer,* conforme expressão de grande educador suíço. Com efeito, a educação moderna nunca foi partidária de deixar a criança fazer o que quer, mas sim orientá-la para que acabe uma tarefa começada, e formá-la para saber utilizar convencionalmente sua liberdade. Resulta a educação democrática de equilíbrio entre a tolerância, a compreensão e a firmeza de propósitos. O educador moderno procura desenvolver as qualidades positivas de cada educando e fazer com que cada ser humano saiba aproveitá-las para ser ótimo profissionalmente, bom cônjuge e pai quando for adulto.

A natureza das relações entre pais e filhos se transmite de geração a geração; existem tradições de brutalidade, de autoritarismo, de superproteção

que os filhos transmitem, quando adultos, às suas próprias crianças. Onde há brutalidade, incompreensão e hiperautoritarismo, não é possível construir verdadeira democracia, pois tais atitudes se propagam também fora do lar, no trabalho, nos negócios e, o que é mais sério, na direção dos destinos de uma nação. A liberdade dentro do respeito pelo próximo tem que começar a ser cultivada nas relações entre pais e filhos, isto é, na própria célula familiar. Sem isso, os alicerces de qualquer nação não oferecem garantia para manutenção daquilo que queremos que seja uma verdadeira democracia.

2
A arte de saber falar e de saber calar na educação

"A palavra é de prata, o silêncio é de ouro", diz o velho ditado. A psicologia moderna confirmou plenamente, através de suas pesquisas, que de fato, muitas vezes, vale mais calar do que falar.

A maioria das pessoas pensa que falar é a melhor maneira de convencer os outros de alguma coisa. Dirigentes de grupos acreditam que, depois de terem feito um longo discurso, durante uma reunião, saem os seus ouvintes perfeitamente imbuídos das verdades que proclamam. O mesmo acontece com muitos pais que, diante de um erro qualquer do seu filho, afogam-se com severas palavras e repreensão. Também os professores, pela própria natureza do mister, pensam – na sua maioria – que a melhor maneira de ensinar consiste em falar o todo o tempo.

O presente trabalho destina-se a esclarecer os pais de família e todos os que fazem uso da linguagem, sobre as observações feitas pela psicologia moderna, quanto ao uso da linguagem nas relações humanas, sobretudo no que se refere ao silêncio.

§ 1 O silêncio da psicanálise

A psicanálise é, talvez, a ciência que mais acertadamente colocou o acento sobre o valor do silêncio na educação. Como todos sabem, o tratamento clássico das neuroses, através da psicanálise, faz-se colocando o paciente deitado num divã. Durante uma hora, o psicanalista fica ouvindo, silencioso, a história contada pelo doente. Depois, ajuda-o a analisar os motivos íntimos dos acontecimentos e das atitudes; mesmo assim o psicanalista apenas incentiva o cliente a fazer uma autoanálise, interferindo o menos possível, isto é, procurando ficar calado e fazendo-o falar.

Os benefícios e vantagens observados pelos psicanalistas a respeito do silêncio são os seguintes:

1) O silêncio obriga a pessoa em situação de análise a ser ativa e pensar sobre os problemas e suas origens. Essa é a única maneira de o cliente se convencer da realidade das causas de sua neurose.

A maioria das pessoas pensa que basta o psicólogo dar as "explicações" do nervosismo, para que este desapareça; na verdade, ficou demonstrado que isso não sucede, pois muitas pessoas que recebem tais explicações não acreditam nelas, achando-as, às vezes, absurdas. Só mesmo depois de alguns meses de procura pessoal, vêm a descobrir os fatos, sem terem recebido nenhuma sugestão do analista, embora ele já conhecesse a solução, há muito tempo.

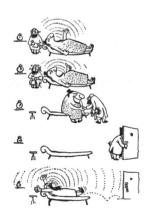

O mesmo se dá com muita gente que só aceita uma ideia quando chega, por si mesma, à conclusão de que está certa; por isso é melhor induzir as pessoas a falar, conduzindo a conversa de tal modo que, pelo próprio raciocínio ou pelos seus sentimentos, cheguem a determinada conclusão.

2) O silêncio do psicanalista impede as pessoas de saberem o que ele pensa. Isso lhe dá certa neutralidade, diante do problema; além disso, a situação provocada por parte do paciente gera certas relações afetivas, como, por exemplo, tratar o analista com ódio, ou emprestar-lhe uma série de ideias e intenções que nunca teve. Essas reações são analisadas, depois, e se descobre, por exemplo, que a hostilidade contra o analista era uma transferência da hostilidade do paciente contra seu próprio pai. Mas isto é outro assunto, e nos levaria muito longe, fora do objetivo traçado.

§ 2 O silêncio na educação dos filhos

Recebi, certa vez, uma mãe que veio pedir conselhos de educação para a filha, a qual – dizia ela – cultivava o vício da mentira. "Especialmente – acrescentou – quando sabe que vai ser castigada".

Estamos na presença dos que os psicólogos chamam de *mentira de defesa*. Perguntei à mãe como procedia ante as mentiras da criança. Respondeu-me que gritava com ela ou a castigava.

Em vista disso, sugeri que não desse qualquer importância às mentiras, e, pelo contrário, simulasse a mais completa fé no que ouvia. Três meses após, soube, por aquela senhora, que a filhinha deixara de vez a mania de mentir. Como se vê, o silêncio operou um milagre.

Não queremos, contudo, afirmar que não se deva mostrar o caminho certo às crianças, calando-se a tudo o que fizerem. Simplesmente demonstramos que o exagero na repreensão pode ser mais prejudicial que o simples silêncio.

§ 3 Falar ou calar no ensino?

Muitos professores ou instrutores costumam, ainda, falar durante os quarenta minutos de aula, findo os quais, vão-se sem qualquer preocupação sobre se foram entendidos, ou se os alunos realmente aprenderam alguma coisa.

Infelizmente, o que os alunos aprenderam por esse sistema não satisfaz. Basta verificar o que os adultos retêm do seu aprendizado primário e secundário. O ensino verbal *ex cathedra* está completamente desligado da realidade da vida.

Aproximar o ensino da vida – eis o lema de todos os educadores modernos, os quais aconselham a diminuir as aulas verbais, a aumentar os exercícios pessoais e as pesquisas individuais ou em grupo.

Quem atualmente visita um estabelecimento de ensino em que se praticam métodos ativos de ensino[10], surpreende-se por dificilmente encontrar o professor; geralmente, acha-se ele no meio de seus alunos,

---

10 O autor se refere às metodologias ativas de ensino e aprendizado, que estão alicerçadas em um princípio teórico significativo: a autonomia (FREIRE, 2006). A atividade que tem o propósito de ensinar deve envolver a autoiniciativa, incluindo dimensões afetivas e intelectuais, o exercício da curiosidade, da responsabilização e da capacidade crítica (MITRE, 2008).

sentado ao lado deles orientando uma ou outra equipe de trabalhos. Sua missão não é a de pensar e falar por eles, mas fazê-los falar e pensar por si próprios. O silêncio do mestre torna mais produtiva a aprendizagem.

§ 4 O silêncio no conflito entre as pessoas

Surgem, frequentemente, conflitos, brigas e atritos em todos os grupos sociais: componentes de equipes de trabalho, casais, pais e filhos. Muitos desses incidentes poderiam, normalmente, ser evitados se um dos elementos, ao invés de reagir agressivamente à situação de frustração, usasse o silêncio. "Quando um não quer, dois não brigam" – diz o velho ditado.

Não revidar imediatamente um ato de agressão traz as seguintes vantagens:

1) Permite pensar melhor nas razões da agressão. Em geral, quem perde a calma não o faz por maldade, senão pela falta de controle sobre si mesmo, por cansaço, nervosismo momentâneo, distúrbio digestivo, problemas de família ou por outra coisa qualquer. Guardar o silêncio permite, pois, ganhar tempo para tomar uma decisão sobre o acontecido.

2) A pessoa que agride espera, em geral, uma resposta no mesmo tom. No entanto, quando percebe que a reação é o silêncio, fica surpreendida. Daí vai, muitas vezes, ao arrependimento e às desculpas, no próprio momento ou vários dias depois.

3) Quando a palavra agressiva vem dos filhos, o silêncio e a calma têm grande valor educativo. Como as crianças costumam imitar os pais, não deve ser o motivo de surpresa que imitem também os seus exemplos de fúria e falta de autocontrole.

Queremos frisar bem que não aconselhamos o abandono do uso da palavra. A linguagem falada tem sua importância, mas deve ser utilizada com muita cautela. Há muitos momentos em que o silêncio é preferível. O presente capítulo procurou justamente apontar esses momentos.

Calar, por outro lado, não quer dizer fraqueza ou passividade. Nas situações apontadas, o silêncio implica presença de espírito, força de vontade e atitude vigilante. O silêncio de que falamos é um silêncio ativo, porque voluntário.

É preciso possuir um caráter forte, para saber calar, em vez de falar, em tais situações. Por incrível que pareça, calar é mais difícil do que falar.

3
Relações humanas entre a família e a escola

Antigamente, a instrução dos filhos era dever exclusivo da família. Mas a vida foi se complicando e o conjunto dos conhecimentos a serem adquiridos por uma pessoa também se estendeu indefinidamente. O resultado disto é que a escola tomou, aos poucos, o encargo de instruir as crianças e os adolescentes. Muitos até lhe atribuem a missão de formar-lhes o caráter.

Se a importância da escola é tão grande na educação dos nossos filhos, convém aos pais cercar de todo carinho não somente a escolha do colégio, mas ainda as relações entre a família e o diretor e professores.

Como lidar com os professores? Como os professores devem tratar os pais? O que fazer com um boletim de notas insatisfatório? Deve-se ajudar a criança a fazer os seus deveres? O que faz a escola moderna para estreitar as relações entre os pais e professores?

Antes de procurar saber como estabelecer relações eficientes entre a família e a escola, é indispensável os pais escolherem bem a escola de modo a garantir o estabelecimento dessas boas relações. Por isso, falaremos, em primeiro lugar, desse problema.

§ 1 Como escolher um colégio?

Devo colocar meu filho na escola pública ou particular? Devo dar-lhe regime de internato, semi-internato ou externato?[11] Como escolher um colégio para meu filho?

Essas perguntas são feitas por inúmeros pais em cada início de ano. É, com efeito, grande a responsabilidade da escolha de um colégio para os filhos. É preciso não esquecer que no colégio a criança passará nada menos que 5 a 10 anos de sua vida.

Se for escolhido um colégio com má organização, com professores de frequência irregular, os pais se arriscarão a prejudicar

---

11 Os regimes de internato, semi-internato e externato eram modalidades escolares que coexistiam à época. "O internato é compreendido como um modelo escolar, com práticas educativas próprias, caracterizado pelo isolamento do mundo (controle das saídas, do tempo de férias, entrada de jornais, correspondência, controle de livros e revistas e da intervenção de pessoas estranhas) e pela formação integral através da utilização de uma determinada organização e controle do tempo e do espaço". Os internatos subsistiram na cultura escolar brasileira ao longo do século XIX e em boa parte do século XX, sendo utilizados por famílias mais abastadas da população para promover a instrução de seus filhos (CONCEIÇÃO, 2012).

não somente a instrução do seu filho, mas também o seu equilíbrio emocional.

O mesmo acontecerá se o ambiente do colégio for de excessivo rigor, castigos e, portanto, angústias.

Muito se tem dito a respeito das escolas públicas. A escolha entre cursos públicos e particulares é problema mal esclarecido. Há ótimas e péssimas escolas particulares, o mesmo acontecendo com as escolas públicas.

Os pais, antes de tudo, devem procurar saber qual a formação dos professores e a orientação geral do colégio. Não há dúvida de que os melhores colégios são os que ao mesmo tempo possuem um corpo docente com formação pedagógica em escola normal, curso de pedagogia (Faculdade de Filosofia), didática de matérias específicas ou ainda curso de seminário (obrigatório) com aperfeiçoamento em pedagogia.

A boa orientação se conhece pela existência de orientador educacional, pela formação pedagógica do seu diretor e pela existência de iniciativas extracurriculares, tais como grêmios, clubes de pais e mestres com reuniões periódicas, escotismo ligado à escola, programas de cinema educativo, bandas de música.

Não basta ter em frente do colégio o anúncio "Sob Inspeção Federal"[12]. É necessário ainda que os programas sejam cumpridos

---

12 A expressão refere-se a uma das medidas da Reforma Francisco Campos (Decreto 18.890/1931), realizada no início da Era Vargas (1930-1945). Com o intuito de operacionalizar o mecanismo de controle do ensino secundário, o decreto dedica o "Título II – Inspeção do Ensino Secundário", ao detalhamento de procedimentos de monitoramento dos estabelecimentos de ensino secundário no território brasileiro. Dentre as principais incumbências dos inspetores destacam-se: fixar residência obrigatória no distrito sob a sua inspeção (artigo 66), realizar "visitas frequentes" (artigo 56) e elaborar um relatório mensal (artigo 55) (ROMANELLI, 1996, p. 138-139).

dentro de uma flexibilidade permitida pela lei, levando-se em consideração os interesses e a base cultural de cada aluno.

Quanto ao saber se o aluno deve ser colocado em regime de internato, semi-internato ou externato, devem-se considerar as razões pelas quais os pais querem afastar seu filho do lar, por todo o dia ou mesmo por toda a semana. Se as causas forem determinadas pelo fato de os pais precisarem trabalhar fora de casa, será evidentemente a única solução. Quando o ambiente familiar for equilibrado e não houver problema econômico, devem os pais pensar muito, antes de tomar tal resolução. Em geral, recomendamos o internato unicamente nos casos em que o afastamento da família se revela necessário por não existir nela condições próprias à formação condigna do caráter do educando.

Uma vez escolhido o colégio, seria imprudente introduzir o filho sem preparar devidamente o seu espírito. É o que iremos examinar agora.

§ 2 Como preparar um filho para o colégio?

Conheço uma senhora que, cada vez que o filho fazia alguma tolice, ameaçava-o de colocá-lo no colégio. O resultado foi evidente: no primeiro dia de escola, quando se viu sozinho na classe, o menino fugiu apavorado.

Sei que a maioria dos leitores não faria uma coisa dessas. No entanto, esse exemplo mostra a importância do preparo do espírito da criança para entrar pela primeira vez numa escola. Eis algumas precauções a tomar:

1) Sempre mostrar o colégio como algo de agradável, onde há muitos amiguinhos e onde vai aprender a ler e a escrever.

2) Quando se tratar de jardim de infância[13] e a criança estiver muito ligada à mãe, o psicólogo americano Gessel[14] recomenda a Mãe ficar perto da sala no primeiro dia, ou então deixar alguns objetos (bolsa, lenço) a fim de assegurar à criança sua volta.

3) Se for possível, arranjar um amiguinho que já frequenta o colégio a fim de acompanhá-lo e mostrar-lhe as acomodações, lugar de recreio etc. Se isso não for possível, convém que os próprios pais ou orientador do colégio introduza a criança e procure ambientá-la.

Convém nunca esquecer que qualquer ambiente novo constitui algo gerador de desconfiança e de angústia. A escola é um ambiente novo. Por isso, os primeiros passos são de extrema im-

portância e devem ser cercados, tanto por pais como pelos professores, de cuidados especiais, sem os quais as próprias relações da família com a escola correm o risco de serem prejudicadas seriamente, direta ou indiretamente.

Uma vez o filho ambientado, há certos erros que alguns pais cometem e que vamos enunciar a seguir, erros que também podem afetar as relações entre professores e pais, prejudicando, dessa maneira, o rendimento escolar dos filhos.

---

13 A expressão jardim de infância corresponde atualmente à Educação Infantil ou educação pré-escolar.
14 Cf. GESELL; THOMPSON & AMATRUDA, 1938; GESELL & ILG, 1949; GESELL; ILG & AMES, 1974.

§ 3 Erros a evitar nas relações entre pais e professores

"Mamãe, o professor hoje me pôs de castigo sem eu ter feito nada". – "Coitado do meu filhinho! Esses professores de hoje não têm mais senso de responsabilidade. Amanhã vou me queixar ao diretor da escola". Criticar o professor na frente dos filhos é verdadeiro crime, pois, além de desprestigiá-lo na sua autoridade, aquele terá ainda maior dificuldade para obter bom rendimento na aprendizagem do menino.

A ideia de que o filhinho é uma vítima se apresenta na mente de muitos pais quando aquele tira más notas. Para eles, o filhinho é "o maior" em tudo. Os professores são culpados. Tal atitude é perigosa e de nada adianta para retificar o que está andando mal.

Quando surge algum problema, os pais deveriam imediatamente procurar o professor e saber como poderiam colaborar para as coisas melhorarem. Infelizmente, os professores se queixam de que não conseguem tomar contatos com muitos pais, o que lhes torna a tarefa mais difícil.

Existem pais que, pelo contrário, por excesso de angústia ou escrúpulo exagerado, aparecem todos os dias para ter notícias da criança, sem que haja necessidade disso. Os professores acabam fugindo desse tipo de pais.

Um dos meios de saber como vão as coisas na escola é, sem dúvida alguma, o boletim mensal.

§ 4 O boletim de notas

O boletim de notas é um dos veículos que permitem estabelecer relações com os pais. Através dele são informados do andamento e da evolução escolar do seu filho. Se tudo for normal, não há por que procurar o professor. Quando houver baixa repentina das notas, ou mesmo alteração na conduta, então uma ligação pai-professor se revela indispensável.

Muitas vezes, a culpa da baixa de rendimentos escolar está nos pais e não na escola. É o caso de uma orientação deficiente nos deveres escolares.

§ 5 Os deveres escolares[15]

Há pais que fazem os deveres dos filhos. Nesse caso, a nota tirada será dos pais. Além disso, o que é muito mais sério, acostumam a criança a não estudar. O ideal é que os pais criem nos filhos o hábito de estudar sozinhos. Apenas ajudar quando chamados, mas sempre no sentido de os fazerem achar a solução do problema. A presença dos pais é indispensável no caso do ditado, ou da tomada da lição. É desse modo que melhor colaborarão com o trabalho do professor.

§ 6 Os clubes de pais e mestres

Os colégios modernos procuram resolver o problema da aproximação da família e da escola criando clubes de pais e mestres, ou, pelo menos, reuniões periódicas, à noite, ou sábado, à tarde.

---

15 Cf. tb. o dicionário na segunda parte deste livro.

Nesses clubes, pais e professores discutem assuntos de educação ou assistem a palestras ou filmes sobre como criar e instruir os filhos. Tais iniciativas encontram grande receptividade por parte dos pais e constituem ótimo terreno de maior compreensão entre pais e professores. Além disso, as repercussões sobre os alunos sãos as melhores possíveis. Basta citar a seguinte observação ouvida pelo autor deste livro: "Professor, os meus pais frequentam aquele clube de pais e professores?" – "Sim", respondi. – "Então é por isso que as coisas estão melhorando cada vez mais lá em casa!"

Desejamos que muitos sejam os colégios a seguir a iniciativa dos clubes dos pais e mestres. É uma maneira, talvez a mais eficiente, de criar unidade de ação entre a família e a escola, unidade sem a qual a educação se torna algo de ineficiente e às vezes perigosa.

4
Relações humanas entre professores e alunos

O ensino está, nestes últimos anos, atravessando período de crise, que pode ser considerado, provavelmente, como transição entre duas maneiras diferentes e completamente opostas de educar: os métodos tradicionais e os métodos ativos.

Nos primeiros, é o professor a figura central do ensino que consiste sobretudo em comunicar verbalmente os conhecimentos; nos segundos, a figura central é o aluno e o objeto essencial é fazê-lo aprender.

Em outras palavras: enquanto o ensino tradicional era essencialmente fundamentado na didática, os métodos modernos de educação têm as suas bases na psicologia da aprendizagem.

Além disso, as descobertas da psicologia social colocaram em relevo outro fato importante: o professor está lidando com grupos e com indivíduos e, por isso mesmo, as suas atitudes pessoais têm repercussões profundas tanto no ambiente da classe como no comportamento de cada aluno. A psicologia social voltou a atrair a atenção sobre a importância do professor na educação; mas, dessa vez, trata-se não do seu método de ensino e sim da sua personalidade.

§ 1 A personalidade do professor ou professora

A maioria dos alunos tem tendência inconsciente a imitar os seus educadores, sejam os seus pais ou os seus professores. Só isto já justificaria o cuidado que se deveria tomar na escolha e na formação dos membros do corpo docente. Há, porém, mais ainda: os alunos são extremamente sensíveis ao estado emocional do seu

professor. Deste depende criar um ambiente de confiança, de cordialidade e de compreensão das dificuldades e aprendizagem de cada um, ambiente este que favorece o rendimento do ensino além de consolidar a personalidade dos próprios alunos.

Vamos enumerar algumas das qualidades indispensáveis ao exercício do magistério e favoráveis ao estabelecimento de boas relações entre professor e aluno

1) *Profundo interesse* por pessoas, especialmente por crianças, adolescentes ou adultos (conforme o tipo de educando).

2) *Interesse* pela biologia e, mais particularmente, prazer em fazer crescer e ver desenvolver seres vivos pelos seus próprios cuidados. Da mesma forma que o jardineiro gosta de ver crescer suas plantas, o bom educador ficará satisfeitíssimo em constatar o progresso dos seus alunos.

3) *Empatia* ou capacidade de se colocar no lugar de outra pessoa, compreender e mesmo prever as suas reações em determinadas situações. O professor deve ser capaz, por exemplo, de "sentir" que determinada criança não consegue resolver o seu problema de matemática por estar preocupada por algum motivo de ordem pessoal ou familiar.

4) *Inteligência suficiente* para assimilar os conhecimentos da sua especialidade, seja de matéria, seja de pedagogia. Não precisa ser um indivíduo excepcionalmente dotado. Parece mesmo que professores com inteligência demasiadamente distanciada da média dos seus alunos não conseguem "descer" ao nível do aluno. Alguns ficam mesmo aborrecidos pela lentidão de compreensão dos seus discípulos; ou, então, falam uma linguagem inacessível aos alunos, embora convencidos de que todo mundo os entende.

5) **Bom conhecimento da matéria** ou das matérias a serem ensinadas. Se esse conhecimento é necessário, é, entanto, mais importante ainda o saber fazer assimilar pelos alunos esse mesmo conhecimento. Nem sempre os melhores matemáticos, filósofos ou músicos são os melhores professores.

Pode-se ser ótimo conhecedor de história e ter, no entanto, péssimas relações humanas com seus alunos.

6) *Equilíbrio emocional*: esta qualidade é, provavelmente, uma das principais. O professor deve ser uma pessoa calma, sobretudo capaz de dominar as suas reações emocionais. Quando um aluno não compreende algo ou em atitudes de instabilidade e indisciplina, é indispensável guardar o controle de si mesmo a fim de poder pensar sobre a melhor atitude a tomar. Em outras palavras, é necessário ter *paciência*.

7) *Imparcialidade e espírito de justiça*: o professor tem de lutar contra uma série de impulsos que o fazem preferir certos alunos a outros. É difícil não ter preferências. É indispensável não as demonstrar por atos de protecionismo, tais como dar melhores notas aos alunos preferidos.

Além das qualidades que acabamos de descrever, depende de o professor ter atitudes que provoquem no aluno desejo de aprender, pois nem todas são boas.

§ 2 Atitude de professores e a reação dos alunos

As atitudes de professores, em geral, podem ser classificadas em três tipos principais:

1) *Os professores sem atitudes,* que os psicólogos sociais costumam chamar pela expressão francesa de *laissez-faire*, deixam os alunos fazer o que querem. Limitam-se tão somente a dar aula sem se preocupar com a participação dos alunos.

2) *Os professores ditatoriais* que obrigam os alunos a render o máximo por meio de castigos, críticas, repreensão e controle rigoroso.

3) *Os professores líderes* que procuram compreender cada aluno e conseguir a cooperação deles.

O quadro, a seguir, apresenta um resumo das manifestações das atitudes desses três tipos de professores. Na segunda coluna, as reações dos alunos observadas pelos psicólogos sociais em experiência consideradas como clássicas.

Professor *"laissez-faire"*

Conduta do professor:
Não toma atitudes. Sempre indeciso. Não ajuda o aluno a resolver as suas dificuldades. Dá aula e vai embora sem saber do resultado. Não se pronuncia quanto ao desenvolvimento dos alunos sob a sua guarda.

Reação dos alunos:
Rendimento baixo. Desordem e indisciplina. Indecisão.

Desprezo ao professor indiferente.

Professor "ditador"

Conduta do professor:
Considera todos os alunos como autômatos, feitos para registrar sem erro tudo o que ele disser. Utiliza os castigos e repreensões em alta dose. Procura controlar todos os gestos dos alunos. Não tem confiança nos alunos e os considera incapazes de vontade própria. Às vezes a sua natureza ditatorial aparece de maneira mais sutil: o professor procura obter o que quer, cultivando uma dependência afetiva com os alunos: "É assim que eu gosto que vocês sejam". "Sejam bonzinhos, assim gostarei de vocês e não façam isso comigo" – são as chantagens afetivas mais frequentes neste caso.

Reação dos alunos:
Criam sentimentos de revolta. Muitos ficam angustiados. Passividade e submissão. Os alunos passam a ser agressivos, sendo frequentes os incidentes e brigas.

Quando o professor deixa a sala, a turma toda deixa o estudo e fica de brincadeiras.

Professor "líder"

Conduta do professor:
Procura que os alunos encontrem as soluções por si mesmos. Orienta os trabalhos de classe, incentivando a criação de equipes. Encoraja os mínimos esforços de cada um. Utiliza mais os louvores e recompensas. E as críticas são perfeitamente aceitas.

Reação dos alunos:
Gostam de participar dos trabalhos de classe. Procuram estudar e chegar a conclusão por si mesmos. Rendimento máximo. O trabalho continua na ausência do professor. Desenvolvem o senso de responsabilidade e de controle de si mesmos.

Nas relações humanas entre professor e alunos são os processos de liderança que dão os resultados mais produtivos e colocam o ensino no mais alto padrão.

A atenção de quem ensina deve ser concentrada inteiramente nos alunos. Passou a época em que os professores eram considerados bons quando falavam bem e conheciam a fundo a matéria que ensinavam. Está comprovado que o verdadeiro educador é o que sabe falar no momento oportuno, para orientar um trabalho em curso ou mesmo para dar uma aula, mas que sabe também calar-se para ouvir o aluno falar ou deixar os alunos debaterem um assunto de interesse coletivo. Cultivar no educando o senso de responsabilidade, o hábito de trabalhar em grupo, o gosto pela pesquisa e pela objetividade científica, assim como o respeito pelo próximo, não se faz através de aulas verbais nem de discursos, mas sim pelo exemplo pessoal dos educadores e pela participação ativa dos alunos nos estudos.

5
Os educadores diante da revolta dos jovens

"O meu filho participa de greve estudantil; quase foi preso pela polícia; o que devo fazer?" "A minha filha resolveu aderir à *linha chinesa*[16]; o que devo fazer?" "Eu não tenho opinião política formada". "A minha filha chega em casa às duas da madrugada; faz parte de um grupo que toma LSD"[17], "O meu filho colocou no seu quarto os retratos de Mao e de Che Guevara". "Hoje ia dar uma aula extremamente interessante; tinha tudo preparado; metade dos meus alunos não veio porque participou de uma greve de protesto; no meu tempo não tinha disso não; estou decepcionado..."

Essas e outras frases são ouvidas em todos os países do mundo ociden-

---

16 Corrente comunista baseada no pensamento de Mao Zédōng.

17 A dietilamida do ácido lisérgico (LSD) trata-se de uma droga alucinógena, sintética, que atingiu o apogeu de popularidade na década de 1960.

tal e até oriental. Algo está mudando; a juventude está se organizando para mudar o mundo, o mundo dos mais velhos; e os mais velhos, seus pais e educadores estão atônitos; não estavam e não estão preparados para essa situação; novo sistema de valores está surgindo. Seria muita petulância e pretensão nossa querer apontar uma solução "ideal" e única, pois, o problema abrange aspectos econômicos, sociológicos, políticos, psicológicos e éticos extremamente complexos. Pode-se, no entanto, tentar ajudar o leitor a compreender melhor esses aspectos a fim de analisar a sua posição e ficar mais consciente do que se passa com os seus educandos; ser mais conscientes já é um passo para tomada de posição e decisão.

Em primeiro lugar é indispensável nos compenetrarmos de que a juventude em todos os tempos exerceu uma "função social" importante; é essa função social que iremos analisar a seguir.

§ 1 A função social da juventude

Há várias conceituações da função social da juventude. Estas vão de uma participação extremamente passiva a uma participação extremamente ativa na vida social e comunitária. Vamos analisar pormenorizadamente essas diferentes concepções.

Existe uma função de assimilação da cultura, uma função de transmissão da cultura, uma função assistencial, uma função de participação na mudança, esta última participação podendo ser dentro de um ponto de vista evolutivo e dentro de um ponto de vista revolucionário.

Iremos estudar para cada função os argumentos geralmente ouvidos ou levantados por estudiosos no assunto, a favor ou contrários a cada ponto de vista.

§ 2 Função de assimilação da cultura

Aqui trata-se do ponto de vista segundo o qual os jovens têm como função principal completar a sua aprendizagem intelectual, social e cultural em geral. Os que estão a favor dessa tese afirmam que, quanto mais tarde se prolonguem a aprendizagem e a evolução do adolescente e do jovem, melhor será o homem de amanhã, e mais perfeita a sociedade do futuro.

Os que se opõem a tal ponto de vista afirmam que se o adolescente se limitar a assimilar a cultura do passado será ele instrumento de estagnação da sociedade.

§ 3 Função de transmissão da cultura

Esta função é exercida individualmente por jovens ou coletivamente por sociedades de jovens quando estes se encarregam de transmitir para os seus colegas ou para elementos mais jovens ou mesmo mais velhos, elementos inerentes à cultura, como, por exemplo, hábitos, atitudes, valores, conhecimentos etc. É o caso, por exemplo, de jovens que fazem parte de uma campanha de alfabetização de adultos ou de uma campanha para a organização de cultos religiosos. Os

que estão a favor dessa função afirmam e colocam em relevo que o jovem ao fazer isso não somente participa ativamente da vida social mas aprende a liderar e a se integrar progressivamente nela. Os que são contrários argumentam que, na realidade, em grande parte esses jovens estão participando da transmissão do passado, sendo agentes de conservadorismo, passando para frente estereótipos, hábitos e crenças que acham superados.

§ 4 Função assistencial

Sociedade e agrupamentos de jovens estão atualmente, em todos os países do mundo, realizando serviço social.

É o caso, por exemplo, de escoteiros fazendo uma campanha de limpeza da cidade, coletando dinheiro para os necessitados ou realizando a semana da fraternidade.

Outro exemplo é o de grêmios escolares coletando roupas junto às suas casas e lares para os moradores de comunidades carentes, ou ainda adolescentes em Londres que acorrem de toda a França, para ajudar voluntariamente durante as suas férias a carregar pessoas com deficiências para a peregrinação de Nossa Senhora de Lourdes.

Os que estão a favor dessa tese dizem que os jovens ao prestar serviço social, estão tomando contato com a realidade social, com os seus problemas e ao mesmo tempo desenvolvendo o espírito cívico, o espírito de ajudar a outrem, desenvolvendo o amor ao próximo.

Os que são contrários à tese afirmam que os adolescentes e os jovens ao fazerem isso, estão, na realidade, contribuindo para a estagnação da sociedade e para a manutenção das estruturas sociais atuais que eles acham superadas e que acham causadoras justamente dos males que os próprios adolescentes estão pretendendo curar. Afirmam também que os mesmos jovens poderiam gastar as mesmas energias, na reforma das estruturas e esse ponto de vista é que vai ser desenvolvido no próximo parágrafo.

§ 5 Função de mudança social

Assistimos na época atual, em dimensões planetárias, a uma verdadeira mudança dos conceitos da participação da juventude na sociedade. Em todos os países do mundo os jovens estão gradativamente e de diversas maneiras participando precipitar a evolução da sociedade ou mesmo para fomentar revoluções de diferentes ordens ideológicas.

Podemos classificar essa reação da juventude em reação passiva e reação ativa.

A) Reação passiva

É o caso de todos os jovens que resolveram viver a vida de hoje de um modo chamado "existencialista" e procuram de todos os meios manter um só valor: o da juventude, procurando prolongá-la o máximo que puderem. É o caso dos Beatles e dos "cabeludos".

Os que são a favor dessa categoria de jovens dizem que eles são os travadores dos tempos modernos, que são até na conformação dos cabelos, verdadeiros cristos, e podemos registrar alguns "cabeludos" andando com crucifixos no peito; às vezes tomam ácido lisérgico que os ajuda a ter visões místicas que favorecem ideias de desenvolvimento da paz, estariam eles também preparando a realização de um dos ideais da democracia que é a igualdade dos sexos.

Os que são contrários aos Beatles e aos "cabeludos" afirmam que, por inquéritos sociológicos realizados, se verificaria, na realidade, um verdadeiro "niilismo" nas suas atitudes e que não somente eles não transmitem nenhuma mensagem, mas não sabem absolutamente o que querem. Eles são contrários a tudo o que provém das antigas gerações. Na realidade, como mostrou Pierre Furter[18], tratar-se-ia de uma "paidocracia" que se levanta contra uma "gerontocracia", isto é, uma geração de jovens que se levanta contra uma geração de velhos.

Psicólogos afirmam que tais movimentos existiram em todos os tempos e fazem parte de uma crise de originalidade juvenil como a descreveu Debesse[19], ou, segundo certos sociólogos, o prolongamento da escolaridade levaria à criação de uma nova camada social que não tem nenhuma participação ativa na sociedade e, por isto mesmo, torna-se revoltada porque se sente inútil.

---

18 Pierre Furter (1931), nasceu na Suíça. Estudou Filosofia e Pedagogia. Introduziu o conceito de educação permanente e andragogia (pedagogia da educação de adultos). Obras: *Educação e vida* (1966), *Juventude e tempo presente* (1967), *Educação e reflexão* (1970).

19 Maurice Debesse, psicólogo francês (1903-1998), doutorou-se em Letras. Dedicou-se a investigar a adolescência. Obras: *Comment étudier les adolescents*, *L'Adolescence* (1937) e *La Psychologie de l'enfant, de la naissance à l'adolescence* (1974). Interessou-se particularmente sobre o comportamento revolucionário dos adolescentes que analisa na sua obra *La crise d'originalité juvénile* (1937).

B) Função de mudança ativa

Trata-se de todas as associações de jovens que estão participando de movimentos revolucionários nos seus respectivos países. Podemos citar, como exemplos, jovens, crianças e adolescentes que estão participando do movimento do Poder Negro nos Estados Unidos, perdendo voluntariamente a vida por isso; o movimento japonês Saga Akai, de natureza budista, que agrupou milhões de aderentes em todo o mundo; o movimento da Guarda Vermelha na China comunista que treinou meninos de oito anos para manejar fuzil, o ressurgimento do neonazismo na Alemanha que recrutou os seus adeptos, contando com alguns milhões de aderentes de menos de 30 anos.

Os que são a favor desses movimentos afirmam que as revoluções sempre foram feitas partindo das juventudes; que os jovens são as pessoas que dentro da sociedade têm mais entusiasmo, mais vigor, mais energia e é deles que deve partir qualquer movimento de revolução. Afirmam também que nos países em vias de desenvolvimento o nível cultural dos jovens é maior que o nível cultural dos adultos e que, por conseguinte, cabe às populações jovens cuidar dessa evolução.

O ponto de vista contrário corresponde às seguintes ideias: os partidos políticos e as correntes ideológicas ferem a uma ética fundamental da educação e estariam se aproveitando da falta de experiência da juventude, que é uma cera virgem de gravar, para inculcar-lhe as suas ideias e condicioná-las; de outro lado, os jovens não tem critério nem experiência suficiente da vida para ensinar aos adultos maduros o que devem fazer; o fato mais sério que pode ser levantado é o de que, se olharmos as diferentes correntes ideológicas que correm o mundo atualmente, isto é, todos os "ismos" antagônicos inculcados a milhões de jovens em dezenas de países diferentes, na realidade estaríamos disseminando o germe das guerras de amanhã e da destruição da humanidade.

§ 6 Educação para liberdade

Diante de tantos "prós e contras", o leitor deve se perguntar: E agora? O que faço? Diante da complexidade do assunto, parece-nos que o caminho mais prudente para os pais é o de colocar os seus filhos diante das suas próprias responsabilidades e de mostrar-lhes por todos os meios ao seu alcance todos os aspectos em jogo; ajudá-los a pensar por si mesmos, a pesar os "prós e contras" de cada tomada de decisão, a descobrir as alternativas que existem e

as suas respectivas consequências; consiste, na realidade, em prepará-los para usar da sua liberdade. Mesmo se tiverem os educadores posições pessoais, seria uma forma de alienar os seus próprios filhos, de quererem impor suas ideias ou influenciá-los na direção das suas próprias opiniões ou crenças.

Qual dos jovens será melhor preparado para a vida? O que disser: "Eu sou... isto porque o meu pai o é" ou o que afirmar: "Eu sou... isto porque, após muito estudo e reflexão, cheguei à conclusão que é essa a solução para os males da humanidade?"

Deixamos ao leitor chegar às suas próprias conclusões. No entanto, caso se chegue à conclusão de que é preciso deixar a liberdade de escolha aos educandos, insistiremos sobre o seguinte lema: Só se educa para liberdade, dando liberdade para aprender a saber usá-la.

Parte III

O papel do professor na educação

1
A vocação do professor

O professor é uma das figuras fundamentais de qualquer sistema educacional. Por isso, qualquer pessoa que queira se ingressar no magistério deve procurar saber se realmente tem vocação para a profissão.

Em que consiste essa vocação? Quais os fatores principais que constituem a motivação para o ensino?

Quando se deseja abraçar determinada ocupação ou ingressar em cursos profissionais, é necessário, antes de tudo, conhecer em que consiste essa profissão, quais as aptidões necessárias ao seu melhor desempenho, qual a personalidade mais adequada, enfim, qual o preparo indispensável ao bom exercício profissional. Dessa análise do trabalho, podem-se, então, tirar conclusões quanto ao modo de escolher o pessoal docente, que mais particularmente nos interessa.

§ 1 Professor tradicional e professor moderno

A função essencial do professor é ajudar a criança a desenvolver os seus conhecimentos e a sua personalidade, a fim de integrá-la na sua comunidade da maneira mais completa possível, através da assimilação da nossa cultura. Para conseguir isso, o professor moderno utiliza não somente aulas, mas procura, sobretudo, que cada aluno descubra por si mesmo as diferentes realidades (históricas, geográficas, matemáticas, linguísticas), através da observação direta, do desenho ou da descrição, das leituras e pesquisas pessoais.

O professor moderno é, por conseguinte, uma pessoa que procura antes de tudo guiar, orientar, encorajar, estimular, descobrir e canalizar os interesses dos alunos; procura, para isso, cercar-se do vasto material colhido pelos discípulos – (plantas, animais, rochas, cartões postais de todos os países do mundo e de todas as regiões do país, fotografias, filmes, cubos, encaixes etc.).

Enquanto o professor tradicional faz somente o uso de sua palavra, limitando-se a falar e a perguntar, o professor moderno pode ser comparado a um jardineiro que está preocupado em fazer crescer as suas plantas, dando-lhes água e adubo necessários ao

desenvolvimento. Ele sabe que, durante uma explanação verbal, grande parte do que diz será rapidamente esquecido, e ainda em muitos casos, nem é ouvido, em virtude das flutuações da atenção dos alunos.

Quando surgem problemas de incompreensão geral ou localizada em certa matéria, o professor tem de investigar as causas dessas insuficiências, encontrando caminhos para preencher as lacunas.

Em caso de problemas de conduta, tais como instabilidade, rebeldia, excessivo retraimento, inatenção, o educador tem de empregar solução diferente para cada caso.

A função principal do professor é, considerando o problema sob o aspecto psicofisiológico, a organização do sistema nervoso de cada aluno. Conforme mostra André Rey[20], fazer com que um aluno adquira novos conhecimentos consiste em provocar, no seu cérebro, o estabelecimento de novas conexões entre as células ou novos caminhos nervosos, isso em um organismo e perpétua evolução, não esquecendo que a criança de hoje não é mais a criança de ontem.

A criança e o adolescente têm tendência inconsciente a imitar os adultos que admiram pela sua força, inteligência ou qualidade de personalidade. Muitos professores tornam-se assim, heróis de seus alunos, e passam a ser imitados. Por isso é indispensável que o educador tenha uma personalidade equilibrada e saiba controlar suas reações.

§ 2 Contraindicações para o magistério

Existem certos traços característicos que contraindicam o exercício do magistério.

A impaciência, por exemplo, é atitude tipicamente prejudicial à ação pedagógica. Existem professores irritáveis a tal ponto que não admitem qualquer erro do aluno; explodem logo, provocando angústia em toda a turma,

---

20 Psicólogo e pedagogo suíço, que se notabilizou pelo desenvolvimento do método de avaliação da Figura Complexa de Rey Osterrieth e do Teste de Aprendizagem Audioverbal de Rey.

inibindo os jovens a responder. Além disso, considera-se a pedagogia como sendo a arte de erros a fim de indicar o caminho certo. Pode-se, assim, compreender o quanto a impaciência é nociva no campo educacional.

Outra deficiência de personalidade que contraindica o exercício do magistério é o egocentrismo que não se deve confundir com egoísmo; é a incapacidade de colocar-se no lugar de outra pessoa, de compreender os seus sentimentos e suas reações. Por essa razão o indivíduo egocêntrico empresta aos outros os seus próprios sentimentos e reações, isto é, projeta-os nas outras pessoas, ou então, atribui-lhes intenções que nunca tiveram. Nada mais perigoso que isso na educação; o bom professor necessita, antes de tudo, compreender cada aluno, isto é, procurar as razões reais e não imaginárias da conduta de cada um. Nesse sentido, a educação é uma ciência, ou melhor, é baseada na ciência, através da psicologia.

Além da projeção, o egocentrismo pode se traduzir sob a forma de excesso de uso da linguagem: o professor fala durante toda a aula, sem perceber que os seus alunos estão cansados de ouvi-lo e não estão anotando nem a metade do que ele está dizendo. O professor entusiasma-se pelo assunto; o leigo pensa que é um bom

educador porque se entusiasma pela matéria que está "dando"; o professor fica convencido de que transmitiu o seu entusiasmo à turma, quando na realidade afogou os seus discípulos com palavras. A técnica moderna de ensino recomenda falar, no máximo, vinte minutos, deixando o aluno fazer perguntas e estabelecer debate em torno do assunto estudado. Acontece muitas vezes, como por exemplo, nas escolas Decroly[21], que o próprio aluno faz conferências, ou que

---

21 O belga Ovide-Jean Decroly (1871-1932) se formou em medicina com atenção voltada para as crianças com deficiência intelectual. Foi um dos precursores dos

os próprios alunos pesquisam, fazem observações para descobrir, por eles mesmos, o que, provavelmente, não seria compreendido através da simples explicação oral.

O desequilíbrio da personalidade do professor nem sempre provém de fatores exclusivamente pessoais; pode ele iniciar sua carreira com uma personalidade perfeitamente organizada, sem irritabilidade nem egocentrismo e, no entanto, com o decorrer do tempo, perder seu equilíbrio emocional, tornando-se insatisfeito.

Isso acontece quando descobre que o magistério não corresponde ao que esperava, isto é, quando há conflito entre a motivação que o levou a escolher a sua profissão e a realidade encontrada.

Existem efetivamente certos tipos de motivação, quer dizer, razões íntimas que levam as pessoas a ser professores, motivações essas que, ao contrário do que se esperava, tornam infelizes os que por elas foram levados a abraçar o magistério. São essas motivações que descreveremos a seguir:

§ 3 Motivações negativas

Futuros professores podem ser levados a ingressar na profissão pelas seguintes razões:

1) *O prestígio social* que cerca o magistério estimula certas jovens a fazer o exame de admissão ao curso normal[22], o qual seleciona as mais inteligentes. Acontece que, depois de terminado

---

métodos ativos, fundamentados na possibilidade de o aluno conduzir o próprio aprendizado e, assim, aprender a aprender. Obras: *Vers l'école rénovée* (1921), *La Méthode Decroly* (1922), *Fonction de globalisation* (1923).

22 O curso Normal refere-se à habilitação, a nível de Ensino Médio, que à época permitia o professor a atuar na Educação Infantil e nos anos iniciais do Ensino Fundamental. No ano 2000, o Ministério da Educação determinou a obrigatoriedade de graduação em curso superior, na modalidade licenciatura (Normal Superior ou Pedagogia), para se estar apto a lecionar na Educação Infantil e nos anos iniciais do Ensino Fundamental (cf. nota 4). O Magistério, de nível médio, habilita o professor a lecionar na Educação Infantil.

o curso ou após alguns anos de exercício do professorado, essas criaturas percebem que se trata de uma profissão na qual a ambição não pode ser satisfeita e deixam o magistério. Por outro lado, percebem que têm capacidade para desempenhar ocupação exigindo formação universitária e por isso deixam o magistério para serem advogados, médicos ou exercerem altos cargos na função pública.

2) *O medo de enfrentar a vida* e o desejo de ficar eternamente no ambiente escolar fazem com que muitos jovens passem do banco de aluno à cadeira de professor sem que haja nenhuma transição. Ora, se se considera a escola como uma instituição cujo objetivo é adaptar progressivamente a juventude à realidade da vida de adulto, como um professor que nunca saiu do ambiente escolar poderá educar alguém para a vida? É possível que muitos desse tipo fiquem como professores toda a vida, toda a sua existência, mas infelizmente o seu ensino só poderá valer o que serviu o ensino que eles receberam.

3) *O desejo de aprovação* do professor pelos seus alunos é frequente em educadores inseguros e, por isso mesmo, ansiosos em procurar nos menores gestos de cada aluno um sinal de admiração e gratidão. Ora, se existe um ambiente onde não se deve esperar ser admirado e receber agradecimento é justamente na escola. A criança e o adolescente têm direito a receber instrução. Os alunos acham isso tão natural que não lhes ocorre, salvo exceções, na maioria das vezes estimulados pelos pais ou ainda em cerimônias de encerramentos, de fazerem gestos de admiração ou de agradecimento.

O professor que é sensível a esse tipo de estímulo, não somente tem tendência inconsciente de ter seus "protegidos", que o admirem, mas ainda se desajustará facilmente pela aparente ingratidão da juventude. Se o agradecimento de um aluno

pode ser estímulo normal para qualquer educador, não pode e não deve constituir a motivação principal.

1) *O sadismo.* Certos indivíduos são levados inconscientemente a escolher o professorado, porque essa função permite-lhes descarregar sua agressividade e sua crueldade sobre os mais fracos, tais como crianças sem defesa ou estudantes interessados em evitar casos, pois precisam de diploma. Quantos adultos não se lembram de terem sido perseguidos por determinado professor que fazia "chover os castigos" ou de ter recebido uma bofetada, um "puxão de orelhas" ou um golpe de régua na mão? Infelizmente esse tipo de educador existe e muitas vezes é difícil descobri-lo pelo medo que os alunos têm de ser prejudicados, pela denúncia, pela ignorância da legislação em vigor.

2) *O gosto e a aptidão por certa matéria escolar.* Muitos estudantes de escolas secundárias, assim como os seus pais, pensam que basta ter muito interesse e pendor por uma disciplina para que isso seja o suficiente para abraçar o magistério. Na realidade, atitudes pedagógicas e personalidade adequadas são consideradas mais importantes que o conhecimento da matéria a ensinar. Nem sempre os melhores matemáticos são os melhores professores.

3) *A supercompensação de um complexo de inferioridade.* Muitas são as crianças a desenvolver um complexo de inferioridade em relação às outras que têm melhores notas ou em relação ao professor do qual tem impressão de que é onisciente; há então uma identificação à figura do mestre, isto é, uma vontade inconsciente

de imitar o professor, decorrendo daí o desejo de ser professor mais tarde. Quando o complexo se desenvolve em relação aos colegas, então a vontade de ser professor terá base o desejo de mostrar que o portador do complexo é muito mais inteligente que os outros, pois chegou a uma profissão difícil.

Conforme se vê, existem muito motivos inconscientes para abraçar o magistério, motivos que, em geral, levam a decepção e fracasso profissional.

§ 4 Motivações positivas

Mas quais são as motivações positivas e quais as aptidões e traços de personalidade necessários ao êxito no magistério?

O leitor nos perguntará, após a enumeração que acabamos de fazer, em que consiste a qualidade de um bom professor. Quem se candidata a abraçar o magistério, deveria possuir as seguintes características:

1) Uma inteligência para assimilar as matérias que deseja ensinar. Inteligências brilhantes muitas vezes impugnam um exercício conveniente do magistério.

2) Um grande interesse é motivação para o contato humano, para lidar com pessoas e com crianças, interesse este aliado a um gosto por todos os assuntos de biologia, isto é, um gosto em fazer crescer, em desenvolver, em acompanhar a evolução dos seres vivos.

3) Conhecer o ambiente socioeconômico dos alunos, facilitando a compreensão dos problemas deles.

4) Uma abnegação suficiente para colocar o interesse pelo magistério acima dos salários percebidos pelos professores, em geral, reduzidíssimos.

5) A ausência de ambição é necessária por falta de possibilidade de os professores progredirem dentro de sua carreira, pois o cargo mais elevado a ocupar é o diretor do ensino.

6) O equilíbrio da personalidade, sobretudo no que se refere ao controle de si mesmo em situações irritantes, é um fator *sine qua non* do exercício da profissão[23].

§ 5 Motivação e realidade

Salientamos, entretanto, que indivíduos bem equilibrados no início do exercício no magistério, podem perder esse equilíbrio, simplesmente pelo fato de sua motivação para o professorado não corresponder à realidade encontrada.

O choque havia entre a motivação e a realidade é propício para provocar sérios desajustamentos e a vítima neste caso será sempre o aluno. Por essas razões não será demais tomar todo o cuidado na escolha do corpo docente através de processos científicos, isto é, com a utilização dos métodos da psicologia aplicada[24].

---

23 Cf. tb. cap. 4, § 1.

24 A psicologia aplicada é o ramo da psicologia que utiliza os conhecimentos e dados da mesma para a solução de problemas práticos, passando do campo teórico para o campo prático.

2
Como ensinar?

Pensava-se antigamente que ensinar consistia simplesmente em falar, coordenar as ideias de maneira lógica a seguir um programa escrito nos gabinetes ministeriais; o aluno ouvia passivamente e todos estavam convencidos de que o processo de ensino era idêntico ao do registro fonográfico.

Infelizmente, para alunos e professores, a experiência revelou que a criança não é uma simples cera de gravar. Notou-se que havia diferenças individuais entre cada educando; além disso, foi colocada em relevo a importância da motivação no processo educacional. Novas descobertas insistem na experiência pessoal e na atividade do próprio aluno como condição *sine qua non* da assimilação pelo educando de novos conhecimentos.

Assim, aos poucos, o processo de ensino que era concentrado no professor, passou a ser um processo de aprendizagem. Ensinar não consiste mais em fazer com que o aluno ouça, mas com que o aluno aprenda; a diferença é fundamental: antigamente as coisas vinham de cima para baixo, hoje vêm de baixo para cima, isto é, parte do aluno, das suas necessidades e do nível de maturação para realizar a sua aprendizagem. O professor é mais um guia, um orientador ou mentor do que um conferencista; para isso necessita cada vez mais conhecer cada aluno com as suas características próprias e não como entidade genérica.

§ 1 O ato de aprender

O ato de aprender, ou "aprendizagem" é algo extremamente complexo, que começa desde o nascimento e, talvez mesmo, na vida intrauterina.

Aprendizagem é, em geral, definida como sendo o processo de integração e de adaptação do ser humano no seu ambiente.

Essa adaptação é feita, conforme mostrou o grande psicólogo Jean Piaget, por assimilação de esquemas e por acomodação desses esquemas e novas estruturas mentais.

É, por conseguinte, a partir de estruturas mentais mais elementares que se faz o processo da aprendizagem; em outras palavras, qualquer coisa "nova" que se aprende só pode ser assimilada se existe uma base de conhecimentos suficientes para isso. Não podemos, por exemplo, aprender a dividir se não sabemos fazer adições e subtrações; da mesma forma não podemos compreender o que significa uma nova palavra, se não conhecemos previamente o objeto que corresponde essa palavra.

Essa capacidade de aprender depende de numerosos fatores obedece a certas leis; são esses fatores e essas leis que descreveremos.

Escolhemos esse assunto porque é fundamental o seu conhecimento pelos pais, educadores e professores; quem conhecer as leis da aprendizagem terá o maior êxito na educação do que quem não as estudou.

A aprendizagem foi estudada, de modo experimental, tanto em animais (sobretudo ratos e macacos) como seres humanos. Dessas experiências, foram tiradas uma série de conclusões práticas e de aplicação imediata no campo da pedagogia.

Uma das mais importantes, sem dúvida, é a de que a aprendizagem mais eficiente se faz através da experiência pessoal, isto é, da atividade; se aprende melhor fazendo do que ouvindo.

O ensino verbal *ex cathedra*, tem a grande desvantagem de cansar rapidamente e de ser submetido às chamadas flutuações da

atenção; quem já fez a experiência de querer ouvir o tique-taque de um relógio durante cinco minutos seguidos deve ter constatado que há momentos em que não ouve mais o barulho, porque a sua atenção foi atraída por outro estímulo e se isso acontece com o simples tique-taque de um relógio, o que pensar então de "aulas" de quarenta minutos ou mais, durante as quais desfilam várias ideias inteiramente novas para os alunos que muitas vezes não compreendem o vocabulário demasiado complexo do professor?

Jean Jacques Rousseau já dizia: *"Ne donnez à votre élevé aucune leçon verbale; il ne doit en recevoir que de l'expérience"*[25]. A psicologia evolutiva e a psicologia da aprendizagem demonstraram experimentalmente o acerto dessa afirmação de Jean Jacques Rousseau. Os resultados dessas experiências podem ser resumidos do seguinte modo:

1) As operações lógicas formais só se formam a partir de operações idênticas no plano concreto. Fazer adições está condicionado à assimilação anterior no plano concreto do ato de acrescentar; dividir pressupõe a ação de separar, compreender que Pelotas está no Rio Grande do Sul e que o Rio Grande do Sul está no Brasil – Pelotas está também no Brasil – implica a capacidade de estabelecer relações de conteúdo-continente, as

quais se treinam no plano de atividades nos Jardins de infância através dos exercícios de encaixe.

2) Comparações feitas entre grupos de alunos, uns submetidos ao ensino tradicional e verbal, outros submetidos a processos de educação ativa, demonstram sempre superioridade de rendimentos do segundo grupo sobre o primeiro.

---

25 "Não dê ao seu aluno qualquer tipo de lições verbais; ele deve receber pela experiência"

Nesses métodos ativos utiliza-se a pesquisa pessoal, o exercício prático, a discussão em grupo, excursões, visitas e trabalhos práticos. O aluno trabalha, o professor apenas se limita a orientá-lo, a coordenar os trabalhos de equipe de tal modo que entrem nos programas traçados.

A aprendizagem de qualquer conhecimento "novo" se faz a partir de elementos adquiridos e assimilados anteriormente.

Por esse motivo, quanto maior é a nossa experiência, maior é o nosso campo de conhecimentos e melhor será a nossa capacidade de aprender.

Eis a razão pela qual o meio ambiente tem muita influência e constitui fator preponderante na aprendizagem.

§ 2 Influência do ambiente na aprendizagem

Existem muitas provas científicas da influência da experiência na nossa capacidade de aprender; citaremos algumas, a seguir:

1) crianças abandonadas pelos pais na selva, durante os primeiros anos de vida e criadas por animais, não podem ser recuperadas quando encontradas adultas; a ausência total de convívio com seres humanos e das vivências da nossa civilização as tornam incapazes de serem educadas;

2) sabe-se também que crianças egressas de meios economicamente subdesenvolvidos, aprendem com mais dificuldade

que os filhos de pais ricos ou abastados; em grande parte porque não tiveram as mesmas oportunidades educacionais (livros, material educativo, jardim de infância, brinquedos, viagens etc.);

3) com certos processos educacionais modernos é possível conseguir que crianças de 9 a 10 anos demonstrem os teoremas de Tales e de Pitágoras ou cheguem até a álgebra. Isso acontece porque esses métodos fazem com que a criança realize previamente experiências indispensáveis à assimilação dos novos conhecimentos;

4) índios criados em escolas alcançam resultados idênticos aos chamados "civilizados", nos testes intelectuais. Aliás, em geral, os resultados nos testes intelectuais variam proporcionalmente ao adiantamento cultural do meio em que foram aplicados.

Além da experiência, outros fatores influenciam a capacidade de aprendizagem que são os fatores biológicos e fisiológicos, dos quais falaremos adiante.

§ 3 Bases fisiológicas da aprendizagem

Além da influência do ambiente, a nossa capacidade de aprender depende de fatores fisiológicos e hereditários. A seguir, citaremos alguns desses fatores:

A subalimentação entre escolares é muitas vezes apontada como a causa de pouco rendimento escolar. Há alguns anos, tivemos a oportunidade de observar casos de deficiência intelectual mental devido à subalimentação crônica. Também durante a guerra mundial, as médias nos testes de memória baixaram nas crianças parisienses, confirmando a importância de um mínimo alimentar. Não temos dúvidas de que esse fator influi de maneira positiva no rendimento de nossos escolares.

Sistema glandular deficiente, presença de vegetações adenoides e qualquer estado patológico, diminuem o rendimento da aprendizagem.

Convém pôr em destaque a verminose, que provoca nas crianças, além da anemia, uma instabilidade e estado de irritação permanentes, prejudicando também a aprendizagem.

O cérebro tem na aprendizagem papel principal e, por isso mesmo, quando atingido por um acidente ou uma infecção, pode prejudicar em definitivo a aprendizagem; quanto maior for a lesão menor será a possibilidade de recuperação.

A inteligência é fator preponderante na nossa aprendizagem; é, em grande parte, herdada. A hereditariedade da inteligência é avaliada por certos autores em 80%[26], chegou-se a essa conclusão pelo fato de gêmeos separados na hora do nascimento e criados em ambientes diferentes, darem resultados idênticos em proporção muito mais elevada que simples irmãos. Estatísticas feitas sobre a deficiência intelectual, também colocaram em relevo a existência da hereditariedade mental.

Por todas essas razões, convém, antes de culpar uma criança que tem dificuldade de aprendizagem, observar as causas que a levam a isso; muitas vezes essas dificuldades independem da vontade dela.

Outras dificuldades de aprendizagem podem ser atribuídas à insuficiência da metodologia do ensino propriamente dito; esse aspecto será abordado mais abaixo.

§ 4 Os métodos de ensino

Saber ensinar consiste, sobretudo, em fazer com que o aluno realize uma aprendizagem. Foram justamente os mecanismos des-

---

26 Há, no entanto, também grande influência do meio ambiente e de escolaridade na formação da inteligência.

ta, cujo conhecimento é imprescindível ao professor, que acabamos de descrever.

Começaremos agora a procurar os processos de aprendizagem, tentando responder à seguinte pergunta:

"Como a criança aprende?"

Somente sabendo como a criança aprende é que será possível ensinar melhor.

Até hoje, são muitos os que ainda pensam que ensinar é apenas desenvolver um programa preestabelecido; as próprias autoridades educacionais organizam os programas de ensino obedecendo a uma ordem lógica. Infelizmente, para os professores, hoje está demonstrando que o aluno não aprende segundo a lógica, mas segundo leis de ordem psicológica, nas quais entram, em grande parte, fatores individuais de tal ordem, que não é exagerado afirmar que a assimilação pelo aluno de novos conhecimentos ou a criação de novos hábitos nunca se processa da mesma maneira em cada indivíduo.

Por exemplo: no momento de aprender como nasce e cresce uma planta, uns relacionarão com as observações feitas em uma plantação de milho, onde passaram as férias, outros com o feijão que plantaram num vaso de seu apartamento. Sendo a aprendizagem um processo que depende de inúmeros fatores individuais, não pode, por conseguinte, ser submetida a um desenvolvimento lógico, o que explica que haja muitas vezes conflitos entre a execução dos programas na sua sucessão rígida, e os interesses e maturidade dos alunos.

Por essas razões os programas devem ser considerados apenas como objetivos a atingir durante determinado período; cada assunto deveria ser assimilado pelo aluno no "momento psicológico" e não na sua colocação lógica.

Quem organiza programas educacionais deveria levar em consideração o que é essencial na aprendizagem para integração do educando na sua comunidade: deveria lembrar-se de que não se pretende formar, no ensino elementar e médio, especialistas em filologia, história ou ciências, mas sim, pessoas capazes de falar e escrever corretamente, de utilizar o cálculo na vida prática, de saber votar com discernimento, de viver feliz através da realização de suas tendências e aptidões individuais em atividades profissionais e em *hobbies*, de tornar os outros felizes através de hábitos de sociabilidade e de espírito de cooperação, de serem bons cônjuges, pais capazes de transmitir atitudes às novas gerações, de serem bons técnicos, bons profissionais e, se for o caso, dirigentes eficientes e líderes no sentido positivo da palavra.

Há necessidade na aprendizagem, de conciliar o "como aprender" com "o que aprender", isto é, harmonizar os programas e os métodos de ensino e os processos da aprendizagem.

Já em capítulo anterior insistimos no fato de que o aluno aprendendo é um ser humano assimilando novos conhecimentos e adquirindo novos hábitos, entrando nesse processo a totalidade da sua pessoa física e mental sem que seja possível separar o filológico do psicológico, na aprendizagem.

Por essa razão, a maioria dos assuntos que se programou para serem aprendidos pelo educando, deve ser apresentada de tal forma que o aluno tenha oportunidade de participar com toda a sua pessoa.

Entendemos com isso que o professor deve, não somente, colocar em função a maior parte todos os sentidos dos educandos, mas, também, em movimento o seu corpo através da atividade de pesquisas ou exercícios que correlacionem o conteúdo a aprender com a história e experiências pessoais do aluno; as emoções deste último devem entrar em jogo, estimuladas pelo nível de aspiração e a motivação de cada educando.

Em outras palavras, maior o número de funções a entrar no processo de aprendizagem, maior será a fixação e a retenção dos conhecimentos, ou mais estáveis serão os hábitos criados.

Exemplificando: Querendo mostrar a importância de Pedro II na história do Brasil o professor terá dois caminhos:

1º caminho: Falar durante quarenta minutos sobre Pedro II.

2º caminho: Proceder da seguinte maneira:

a) Perguntar quem sabe quem foi Pedro II (despertar o interesse em saber).

b) Perguntar quem já viu uma imagem ou estátua de Pedro II (relacionar com experiência passada). Para os alunos que moram no Rio perguntar quem já viu o seu túmulo em Petrópolis.

c) Projetar o seu retrato na tela (processo visual).

d) Pedir a cada aluno para ler a história de Pedro II em casa e colocar as suas impressões por escrito, além de procurar tudo que encontrar da época de Pedro II na cidade (pesquisa pessoal).

e) No dia seguinte, pedir os resultados e organizar um debate em torno dos resultados das pesquisas e leituras.

f) Reconstituir umas das cenas da vida do imperador, cada aluno exercendo o papel de um dos personagens (atividade emocional em jogo).

g) Sugerir aos alunos que têm gosto pelo desenho, pintarem cenas da sua preferência e realizarem exposição das obras na sala de aula. Aos que têm gosto por poesias, fazer versos sobre o imperador e aos músicos compor uma modinha utilizando os versos (atividade expressiva e artística).

h) Encarregar alguns alunos voluntários de fazer uma palestra sobre certos acontecimentos da vida de Pedro II.

i) Visitar com os alunos algumas obras de Pedro II (caso haja na localidade).

j) Calcular a idade que teria Pedro II se ainda estivesse vivo (dar noção real a época em que viveu).

Conforme pode ser observado com o segundo método, uma simples "lição" de história torna-se algo vivo e ativo no qual entram atividades artísticas, literárias, verbais e até aritméticas; a motivação e experiências pessoais têm grande papel e a criança participa emocionalmente na aprendizagem.

Demonstramos ao mesmo tempo que, quando se quer fazer participar a personalidade total do aluno no processo de aprendizagem, torna-se impossível tratar de uma matéria de maneira isolada. Se se quiser realizar uma aprendizagem integral, na qual entram em ação todos os sentidos, funções mentais e fisiológicas, em suma, toda

a personalidade com suas vivências próprias e suas emoções, não será possível dividir o ensino de matérias a serem "*dadas*" em hora exata e predeterminada. Sentiu-se através do exemplo dado, que ao mesmo tempo que se leciona História, põe-se em prática o Português, a Matemática, a Geografia, as atividades expressivas e artísticas sem falar da atividade fisiológica: é, por conseguinte, mera utopia e mesmo contraproducente trata o aluno como se em seu cérebro tivesse "gavetinhas" isoladas para receber cada matéria.

A interdependência existente entre os diferentes aspectos da personalidade também é fato no que se refere às chamadas matérias do currículo escolar; no caso por exemplo da história de Pedro II é necessário conhecer ou aprender simultaneamente os lugares onde se deram os fatos históricos, o que já é Geografia; saber se expressar verbalmente e por escrito sobre o imperador já pertence à matéria de Português; interpretar e situar na história as datas relacionadas com Pedro II constitui um exercício de Aritmética. O mesmo se dá para todas as matérias.

Por outro lado, na vida de todos os dias, lendo o jornal ou fazendo compras dividimos nossos atos em linguagem, aritmética ou química. Se é verdade que a escola deve servir de elemento preparatório para a vida, será de toda a conveniência que os processos de aprendizagem escolar não se afastem demasiado da vida, senão formaremos pessoas desligadas da realidade, o que, aliás, está acontecendo.

Por essas razões, grandes educadores como Decroly[27], por exemplo, preconizaram novos métodos de ensino, nos quais desaparecem as divisões artificiais entre matérias em benefício da chamada "globalização" do ensino.

§ 5 A motivação na aprendizagem

Não basta, porém, fazer que o aluno "aprenda fazendo" para que a aprendizagem se efetue com o máximo de rendimento. O fato de colocar um menino para observar as diferenças entre a terra calcária e argilosa não significará que forçosamente ele registrará a diferença; é necessário ainda que o aluno se compenetre da utilidade do que está fazendo e, por conseguinte, da sua finalidade. Aprender sabendo para que objetivo, dá maiores resultados.

Quando temos necessidade de aprender a conduzir um automóvel para andar mais depressa ou a cozinhar para sobreviver ou agradar ao marido é que colocamos tudo em movimento para poder realmente conduzir automóvel ou cozinhar com eficiência. Falar a qualquer pessoa: "Agora a Senhora vai aprender a cozinhar: va-

---

27 Cf. nota 21.

mos à cozinha para treinar", só surtirá efeito se essa pessoa tiver interesse profundo para uma aprendizagem de cozinha.

Esse interesse profundo ou "motivação" é considerado por todos os psicólogos que estudaram o assunto como primordial; isso vale tanto para adultos como para as crianças.

Por isso, antes ou durante o início de qualquer aprendizagem é indispensável o educador procurar despertar nos alunos o interesse pelo assunto a ser estudado por eles; não é tarefa fácil, pois o mesmo assunto, como já vimos, pode despertar interesses diferentes em intensidade e natureza conforme as diferenças individuais e as vivências e experiências de cada um.

Isso implica a adaptação do professor a cada aluno, o que para muitos parece impossível, em virtude do número de alunos que tem cada turma de escola. Parece haver conflito entre as exigências das "leis de aprendizagem" e a organização escolar. As primeiras exigindo providências individuais, a segunda implicando em educação coletiva. Existem métodos de motivação que permitem resolver esse problema sobre grupos: um deles é a discussão ou debates. O professor lança o problema e os alunos dão sua opinião a respeito; essa opinião pessoal está sempre ligada às vivências individuais permitindo assim a devida motivação; outra maneira de resolver o problema é deixar cada aluno escolher um aspecto do assunto a estudar a fim de desenvolvê-lo.

É o que faz no método "Decroly", em que cada aluno ou equipe de alunos estudam aspectos diferentes do mesmo "centro de interesses".

Será que tais métodos dispensam castigos ou recompensas?

§ 6 Castigos e recompensas na escola

O que apresenta maior resultado na aprendizagem: a recompensa ou o castigo? De que valem os sistemas de notas escolares, prêmios e promoção? Fazer uma reprimida ao aluno dá resultado positivo? É preferível dar-lhe má nota?

Trataremos em primeiro lugar o assunto referente às recompensas.

O desinteresse geral causado pelo ensino verbal oral, *ex cathedra* com toda a sua monotonia agravada pela repetição visando a memorização, tornou imprescindível a invenção de algo que pudesse estimular os alunos a aprender, já que as aulas propriamente ditas não o faziam; nasceu assim o sistema de notas, prêmios e medalhas. Quantas vezes ouvimos da boca dos professores as seguintes palavras: "Prestem atenção para poder passar no exame e tirar boas notas!" É a frase clássica de estímulo aos alunos.

As chamadas provas e notas escolares deveriam, apenas, servir de instrumentos de controle da aprendizagem e da qualidade de atuação do professor: controle este exclusivamente reservado ao professor. A rigor, os alunos poderiam, conforme sugerimos anteriormente, traçar a curva de seus próprios progressos a título de estímulo individual.

A escola é um dos meios para adaptar os indivíduos à vida; ora, na vida não se dão notas. Um profissional de qualquer categoria não recebe notas de cada trabalho que realiza; o próprio trabalho, para os indivíduos bem ajustados, é que constitui o melhor estímulo, a motivação mais adequada. Assim deveria ser na escola.

A escola moderna, também chamada ativa, consegue que o aluno aprenda pelo simples prazer de aprender, prazer causado pela satisfação de motivações pessoais, tais como o desejo de descobrir novidades, o instinto de conservação, o senso estético, a vontade de construir, o prazer das diferenças individuais no que se refere à motivação, não havendo mais necessidade de notas.

Por outro lado, as notas desenvolvem e utilizam apenas um tipo de motivação. A saber, a aspiração de ser admirado, de ser valorizado.

Pelas experiências dos psicólogos que estudaram as leis da aprendizagem, as emoções têm papel importante no processo de

aprender. Umas têm efeito de acelerar e estimular a assimilação de novos conhecimentos ou a formação de novos hábitos; outras, entre elas o medo, têm efeito contrário, isto é, o da inibição da aprendizagem. Notas ruins ou castigos são justamente baseados no medo quando não o cultivam, criando gerações de angustiados; más notas sistematicamente administradas ao mesmo aluno podem criar neurose e fracasso.

Ao educador cabe escolher entre a frustração ou a motivação, isto é, o medo ou o estímulo.

Que tipo de motivação pode o professor lançar mão?

§ 7 Tipos de motivação

As crianças só aprendem quando têm algum motivo, algum interesse profundo em assimilar novos conhecimentos ou em adquirir novos hábitos.

Essa motivação tem raízes nos desejos e nas necessidades de cada ser humano. Quando os objetivos da aprendizagem se confundem com a satisfação dessa necessidade, então teremos as melhores condições imagináveis para a assimilação de novos conhecimentos ou aquisição de novos hábitos.

Certos professores vão mais longe nesse sistema artificial de motivação, criando competição entre os alunos, concursos, prêmios etc. Isso desenvolve a aprendizagem e a favorece, não há dúvida; mas, no entanto, prejudica o equilíbrio emocional dos alunos; nos que não venceram cria inveja ou sentimentos de inferioridade, nos que se sobressaíram, desenvolve-se a autossuficiência ou mesmo, cultiva-se a vaidade e o orgulho.

A avaliação dos resultados da aprendizagem pode, no entanto, ser utilizada como processo de motivação, mas de forma completamente diferente. Quando o aluno, em particular, toma conhecimento de seus progressos pessoais e constrói, na medida do possível, a sua própria "curva de aprendizagem", então se obtêm ótimos resultados sem os inconvenientes da competição provocada pelas notas. O aluno compara-se consigo mesmo e não mais com os outros; é o desejo de melhorar a sua própria capacidade que entra em jogo. Experiências realizadas em psicologia da aprendizagem mostram, justamente, que o conhecimento dos próprios resultados é motivante.

Esse conhecimento faz com que cada aluno retifique, modifique ou adapte sua conduta em função da realidade.

O conhecimento objetivo de si mesmo é extremamente importante na educação e na adaptação que cada um de nós procura no seu próprio ambiente: este conhecimento é extremamente difícil. Em geral temos uma noção completamente deformada das nossas qualidades e dos nossos defeitos. Uns têm tendência a exagerar os seus êxitos, outros, pelo contrário, tendem a deformar os seus próprios resultados no sentido de fracasso. Entre esses dois tipos, há os que possuem ideia aproximadamente real de si mesmos.

É provável que as deformações que temos da percepção dos nossos resultados, deformações experimentalmente comprovadas, tenham a sua origem na nossa formação escolar e familiar; muitos erros poderiam ter sido corrigidos a esse respeito se na escola tivéssemos sido treinados a avaliar os nossos próprios resultados.

Cada ser humano possui uma série de objetivos a alcançar a curto e a longo prazos[28].

Esses objetivos podem ser situados a um certo nível, chamado também "nível de aspiração": uns querem ser mecânicos, garçons ou datilógrafos; outros deputados, ministros ou presidentes da república. À medida que vamos aprendendo tomamos conhecimento de outra realidade, além do nível de aspiração; são nossas limitações ditadas pelo nível de nossas aptidões. Quando o nível de aspiração é elevado em relação ao nível de aptidão, é sinal de que queremos ser mais do que temos realmente possibilidade; muitas pessoas, através do conhecimento objetivo de seus resultados, conseguem, neste caso, fazer um reajustamento de seus objetivos,

---

28 Cf. tb. cap. 2.

ficando mais modestos nas suas ambições; outras, no entanto, continuam na ilusão de sua capacidade real. Estes são os desajustados.

Conforme se vê, não basta, na aprendizagem, utilizar a motivação como meio de conseguir melhores resultados; é ainda necessário educar essa mesma motivação no sentido de ajustar a sua intensidade e o seu novel às nossas verdadeiras possibilidades. Tanto o aumento da eficiência da aprendizagem quanto a nossa autoestimação são feitas graças à comunicação sistemática e permanente do professor, dos progressos, erros e acertos de cada aluno.

Parte IV
Pequeno dicionário de psicologia educacional para os pais e professores

Agitação, irrequietude, instabilidade

A agitação, a inquietação, a instabilidade, são normais em certos períodos da vida da criança, surgindo como reflexo de crises passageiras, tais como a dos três anos e a da puberdade, coincidindo com grandes modificações glandulares.

Há, entretanto, crianças sempre irrequietas ou que se tornam instáveis a partir de certos momentos de sua existência.

Crianças com musculatura e ossos muito desenvolvidos precisam de atividades movimentadas, tornam-se instáveis quando têm de ficar paradas como, por exemplo, na mesa e na escola; precisam gastar energia em esportes, praia etc.

A instabilidade pode ser provocada por um mau ambiente familiar; pais que brigam na presença dos filhos não devem se espantar se estes são irrequietos; com a modificação do ambiente ou, quando necessário, retirando-se a criança, a instabilidade desaparece.

A agitação pode preceder doenças infecciosas ou uma intoxicação; doenças mentais e lesões cerebrais são muitas vezes acompanhadas de agitação.

Não existem conselhos gerais para educação de crianças instáveis, porque só se pode tomar uma diretiva conhecendo-se a causa da instabilidade.

Agressividade – brutalidade

(cf. tb. *Relações humanas na família e no trabalho*, do mesmo autor)

"Mamãe, Joãozinho me bateu", e a criança em pranto se refugia no colo de sua mãe.

Existem realmente crianças que batem nas outras; todo mundo sabe disso; pode mesmo se afirmar que cada criança já bateu ou baterá alguma vez na outra.

No entanto, há vários tipos de motivos que podem levar uma criança a bater na outra. São esses motivos que passaremos a analisar.

1) Quando a agressividade é dirigida contra determinada pessoa (pai, mãe irmão), talvez a causa seja a incompreensão dos educadores ou ciúmes inconscientes, cujas origens precisam ser descobertas. A criança ciumenta é facilmente hostil aos coleguinhas. É aliás a primeira coisa a procurar. Se a brutalidade tiver por origem o ciúme, será preciso então cuidar do ciú-

me; já falamos muitas vezes do ciúme; o ciúme é quase sempre cultivado e provocado por erros de educação.

2) A brutalidade pode ser também resultado de um ataque verbal ou físico; por exemplo: a criança é acusada pela outra de ladrão; não conhecendo outro processo, ela ataca para se defender da acusação. Cabe aos pais mostrar outros caminhos para defesa de uma acusação.

3) Existe também um tipo de brutalidade "gratuita"; a criança ataca de repente a qualquer um, sem motivo; pode se tratar equivalente epiléptico, ou de ausência de controle cerebral motivado por outro tipo de doença mental.

Aprendizagem programada (máquinas de ensinar)

Baseada nos métodos de Skinner[29], a Aprendizagem Programada é um conjunto de técnicas em que o estudante responde a perguntas de dificuldade progressiva; depois de cada pergunta ele recebe a resposta certa; assim pode ele confrontar sozinho o resultado obtido; se acertou pode passar adiante, o que constitui para ele uma recompensa; se errou tem de estudar mais o assunto, o que constitui uma espécie de punição. Como a dificuldade é medida por técnica de controle estatístico, o esforço para passar de um exercício a outro é mínimo, e os fracassos diminutos.

Trata-se de uma verdadeira autoaprendizagem em que a participação do professor é reduzida ao mínimo necessário para diminuir dúvidas.

---

29 Burrhus Frederic Skinner, norte-americano, (1904-1990) foi o cientista do comportamento e do aprendizado. Para esse psicólogo behaviorista (corrente que dominou o pensamento e a prática da psicologia, em escolas e consultórios, até os anos 1950), a educação deve ser planejada passo a passo, de modo a obter os resultados desejados na "modelagem" do aluno. A sua obra é a expressão mais célebre da crença na possibilidade de controlar e moldar o comportamento humano.

Usam-se máquinas ou cadernos para aplicar o método. Existem também livros escritos sob forma de Aprendizagem Programada. Os resultados obtidos são realmente encorajadores. Os últimos alunos em Matemática, por exemplo, passam a superar os primeiros da turma quando são submetidos ao processo. Em quase todas as pesquisas de controle experimental, os grupos submetidos ao método obtêm resultados superiores aos grupos de estudantes submetidos a métodos tradicionais.

A conjugação da Aprendizagem Programada e do computador eletrônico permitirá resolver em grande parte o grande problema da educação e diplomação em massa.

Assistência à criança excepcional[30]

A assistência à criança excepcional se desenvolveu rapidamente no Brasil, após quase trinta anos de esforço e de abnegação da Professora Helena Antipoff.

Iniciado no Instituto Pestalozzi de Belo Horizonte o movimento em prol da criança com deficiência intelectual, nervosa e deficiente escolar, está se desenvolvendo na Sociedade Pestalozzi do Brasil, através dos cursos de formação de educadores especializados que estão desenvolvendo atividades análogas em vários Estados do país, como São Paulo, Santa Catarina, Bahia, Ceará e outros.

O progresso técnico-educacional é garantido por Seminários anuais de estudos, onde educadores de todo o país se reúnem para estudar os métodos novos e trocar experiências reais e concretas.

Paralelamente ao desenvolvimento técnico, os pais de crianças excepcionais tomaram consciência de sua responsabilidade e reuniram-se numa associação[31] de defesa dos seus interesses, o velho

---

30 Excepcional foi o termo utilizado nas décadas de 1950, 1960 e 1970 para designar pessoas com deficiência intelectual (SASSAKI, 2003).

31 Associação de Pais e Amigos dos Excepcionais (Apae).

"tabu" que fazia esconder as crianças excepcionais pelos seus pais está desaparecendo, em benefício da reeducação dessa criança e da felicidade dos seus pais.

Atenção

"Ele não presta atenção! – Ele é distraído, não consegue se concentrar!", são frases ouvidas diariamente em todas as escolas e muitos lares, por pais e professores de crianças que apresentam distúrbios de atenção; porém, muito pouco se sabe a respeito da atenção; o que é a atenção?

Na realidade, a psicologia experimental não deu resposta satisfatória a essa pergunta; muitos mostram que só se presta atenção onde há interesse e motivação; quem não se interessa por determinado assunto não concentra a atenção tão bem como quem está motivado; por isso muitos pretendem que a atenção se confunde com a própria motivação.

Outros psicólogos põem o acento sobre o fato de que a atenção é necessária onde é indispensável fazer um esforço de concentração, e pode-se perguntar até que ponto a atenção não se confunde com o próprio esforço necessário para utilizar as aptidões a fim de levá-las ao máximo de rendimento e qualidade. A capacidade de realizar esforços está prejudicada nos casos de cansaço ou de doença.

Em resumo, pode-se afirmar que a "falta de atenção" pode ser interpretada como falta de interesse no assunto, provindo muitos mais da ausência de estímulo pelos educadores; pode ser também causada por fatores de ordem fisiológica e precisa, neste caso, ser tratada por médico especializado[32]; é o caso também da falta de atenção na deficiência intelectual.

Banheiro, trancar-se no...

"O meu filho se fecha hora a fio no banheiro e não sei o que fazer!" Esta é uma das queixas que nos aparecem frequentemente.
O banheiro é para a criança um refúgio de muitas coisas! Conheço crianças que se refugiam no banheiro com o fim de se esconder dos pais quando estão com vontade de chorar. Outras ficam horas a fio lendo revistas proibidas.
Na puberdade é frequente os adolescentes se trancarem no banheiro a fim de satisfazerem as suas primeiras necessidades sexuais. Os pais ficam desconfiados, mas relutam em intervir na masturbação do seu filho.

Sabem que é um problema delicado, e preferem, deixar que isso passe e... passa mesmo!

Bilinguismo

Que aconselhar a pais estrangeiros, que decidiram radicar-se no Brasil, quanto à linguagem dos seus filhos?
Quanto mais jovens, mais facilmente as crianças assimilam a língua do país onde moram. Portanto, não há inconveniente em que falem a linguagem paterna com os pais e o português com brasileiros. Com facilidade falarão as duas línguas.
Convém, porém, evitar o bilinguismo com crianças que tenham dificuldades de linguagem ou que apresentem défice intelectual.

---

32 O autor considera a possibilidade da apresentação do transtorno hipercinético ou também denominado transtorno de défice de atenção/hiperatividade.

Casamento, preparo das meninas para o...

Criando uniformemente todas as adolescentes no espírito de servir ao futuro lar e ao marido, os educadores estão preparando numerosas decepções, além de não terem dado preparo psicológico e econômico às que não se casarão.

Como não se sabe quem vai casar-se e quem vai ficar solteira, o problema é de difícil solução, e em verdade os educadores estão ainda perplexos diante do problema, recomendam apenas mais cuidado no preparo da mulher para o lar, deixando sentir às adolescentes a possibilidade de continuarem solteiras.

Outros educadores, como Laura Lacombe[33], no Brasil, lutam para desenvolver na educação o que chamam as "humanidades femininas", preparando a moça para as profissões dignas do seu sexo.

Canhotismo

"Professor, meu filho é canhoto, o que devo fazer? Devo educá-lo com a direito, ou devo deixá-lo brincar e escrever com a esquerda?"

---

33 Educadora e escritora brasileira, abordou em suas publicações o ideal da formação da mulher para atuar como educadora, no lar e na sociedade (LACOMBE, 1936, 1942).

Essa pergunta é muito frequente e há mesmo professores que têm, ainda, dúvida a respeito do assunto.

O canhotismo provém, na maioria das vezes, de uma inversão dos centros nervosos: normalmente o hemisfério esquerdo do cérebro comanda a mão direita com maior eficiência que o hemisfério direito que comanda a mão esquerda; no canhoto, se passa o contrário; foi demonstrado que se trata de uma constituição diferente que se encontra em aproximadamente dez por cento de qualquer população humana; existem mesmo cachorros e macacos canhotos, o que demonstra que o canhotismo não provém da influência da educação, mas que é uma questão puramente fisiológica.

Existem também certos tipos de canhotos que se tornaram assim por terem o seu hemisfério esquerdo do cérebro atingido por uma doença; esses casos são mais raros.

Certos professores estão convencidos de que se deve aproveitar a oportunidade de uma criança ser canhota para torná-la tão eficiente da mão direita como da mão esquerda e fazer dela uma criança "ambidestra"; isso é um erro que pode levar a distúrbios sérios; é justamente nas crianças chamadas ambidestras que se encontra o maior número de crianças gagas ou disléxicas (com distúrbios na leitura); na realidade a criança não é ambidestra para o mesmo movimento, mas é canhota para determinados atos e destra para outros; esse desequilíbrio nos atos é muitas vezes acompanhado dos distúrbios dos quais acabamos de falar.

Por essas razões, os psicólogos aconselham aos pais e educadores desenvolver francamente, um ou outro lado do corpo, evitando a chamada ambidestria; facilitar o canhoto ser cada vez mais canhoto.

Quando se tem dúvidas se uma criança é canhota ou não, em virtude de estar utilizando alternativamente a direita ou a esquerda, então convém fazer um exame especializado, a fim de calcular o seu "coeficiente de lateralização". Só depois poder-se-á determinar qual o lado a ser desenvolvido.

Castigos – recompensas

Se se fizesse a estatística da frequência de castigos e de recompensas distribuídos pelos professores, encontrar-se-ia, provavelmente, proporção muito maior dos primeiros que dos segundos; isso provém de uma concepção errada da educação; pensam que educar equivale a corrigir, enquanto se sabe hoje que é muito mais eficiente estimular as crianças a trabalhar, estudar e fazer o bem em geral, que ralhar e punir quando não trabalham ou fazem alguma coisa errada.

Os castigos desenvolvem o medo, a angústia e, muitas vezes, aumentam atenção de agir errado, por incrível que pareça.

Os louvores, as recompensas e os prêmios, constituem estímulos potentes e favoráveis ao esforço pessoal e ao rendimento de cada um.

Acostumados desde a infância nessa maneira de encarar o trabalho, os próprios adultos costumam tratar-se dessa maneira; cada um de nós pode verificar que a maioria dos "regimentos internos" das administrações públicas, das empresas industriais ou comerciais, contém uma sistematização das penalidades, indo da simples "advertência" à dispensa pura e simples do emprego; mas não há nenhuma regulamentação prevista para o empregado que trabalha bem ou que realiza algo fora do comum; as empresas que reverteram esse estado de coisas conseguiram verdadeiros milagres no sentido do aumento da produção geral.

Chicote – chinelo[34]

Faz algumas semanas, uma casa vizinha do meu apartamento foi ocupada por uma família, cuja característica essencial é ter duas crianças que choram, sem parar, desde cinco horas da manhã até nove horas da noite; essas crianças se revezam no chorar; quando uma acaba a outro começa; o psicólogo que mora dentro de mim impelia-me a procurar saber o porquê dessa conduta estranha; a minha irritação de vizinho, querendo ter paz e sossego para escrever e repousar, ajudou o psicólogo na sua curiosidade científica e fez com que certa manhã me precipitasse para a janela, no momento do ápice de uma crise de choro; o que vi, então, rechaçou a curiosidade do psicólogo, e a irritação do vizinho foi substituída pela revolta do educador – que espetáculo lamentável em pleno século XX, em Copacabana! Vi uma criança que não podia ter, pelo seu tamanho, mais de dois anos, correndo em torno da casa,

---

34 Cf. nota 9.

aos berros, fugindo de uma senhora com chicote de couro na mão; era chicote mesmo, e chicote que funcionava realmente, pois essa senhora (que mal acredito ser a mãe) flagelava literalmente a pobre criança gritando: "Pare de chorar, ou te dou mais!"

Que estranha maneira de fazer parar de chorar uma criança.

Depois disso, não é de espantar se os consultórios de psicologia aplicada são repletos de crianças cujos pais se queixam de excessiva timidez, inibição ou de extrema brutalidade com os colegas da escola; quando os psicólogos procuram as causas, encontram, muitas vezes, com a causa essencial, a brutalidade dos pais.

Choraminga

Se uma criança choraminga, e se esse hábito vem de há muito, é conveniente procurar o "porquê" disso a fim de tomar medidas adequadas. Há crianças que são por natureza muito emotivas, muito sensíveis; é preciso não ser brusco com elas e só ralhar quando for absolutamente indispensável.

Outras fazem do choro uma chantagem, porque notaram ser o único meio de fazer ceder os pais e educadores; esse comportamento, em geral, tem origem muito antiga: desde os primeiros dias de vida a mãe acostumou a criança e a si mesma a correr quando o neném dava um grito e a tomá-la em seus braços fazendo longos passeios pelo quarto, sacudindo-o até dormir; resultado: a criança através do choro, conseguiu uma verdadeira ditadura sobre os pais. O melhor nesse caso é não tomar conhecimento e manter atitudes firmes.

O complexo de inferioridade em relação aos irmãos pode tornar a criança choramingas, atraindo assim a piedade e a atenção dos pais; a medida a tomar nesse caso é tratar o complexo de inferioridade modificando as atitudes preferenciais para com os irmãos; se não se conseguir bom resultado, a criança deverá ser submetida a um tratamento psicoterapêutico dado por um especialista competente.

Choro de neném

"Este neném não para de chorar; o que será que tem?" é a pergunta que fazem muitos pais a respeito do recém-nascido. As razões podem ser muito diversas e convém classificá-las em duas categorias: as de ordem fisiológica e as de ordem psicológicas.

Já insistimos várias vezes sobre as razões de ordem fisiológica; em resumo vamos enumerá-las: fome, sede, dores diversas, frio, calor, cólicas ou demasiada luminosidade.

As razões de ordem psicológicas podem se resumir numa palavra: "Manha". "Já com um ou dois meses de idade?" perguntarão alguns leitores em surpresa; sim, há pais e sobretudo avós, que acostumaram a criança a chorar para obter carinho e atenção; criou-se o que os psicólogos chamam de "reflexo condicionado", cujo mecanismo é o seguinte: A criança está com fome ou com dor; então chora; a mãe corre e em vez de verificar o que há, começa a falar, acariciar e ninar a criança; depois de várias vezes, a criança chora para chamar a mãe e receber carinho sem ter nem fome, nem dor, nem sede; criou-se algo que depois será difícil de ser modificado e que se encontra até em adultos; quantas pessoas, quando não conseguem o que querem, começam a chorar?

Para evitar as "manhas", só existe uma maneira de agir; após ter verificado se a criança está bem, deixar chorar; aliás, os pediatras afirmam que o choro é um excelente exercício respiratório.

Chupar o dedo – chupeta

Não há motivos para aborrecimentos se seu filho "chupa o dedo" na fase do desmame. Psicólogos observam que na época de transição do leite materno, ou mamadeira, para o regime de alimentação posterior, a criança em geral chupa o dedo. Entretanto, essa conduta aparece frequentemente quando há distúrbios na alimentação da criança.

Os pais que tiram o dedo da boca da criança, colocando-lhe pimenta, ou que dão castigos corporais, provocam recalques e frustrações que poderão levar um ser humano a se tornar um eterno insatisfeito, um angustiado, um neurótico.

A substituição do dedo pela chupeta habitua o neném a chupar além dos 10 meses, dificultando a sua adaptação à realidade, sem contar com os distúrbios digestivos que poderá provocar um costume que se tornou tradição em nosso meio.

O caso da chupeta se agrava quando os pais a utilizam como meio de ter sossego quando a criança chora; chupar se torna o único meio de consolo à "disposição da própria criança!"

Cinema – televisão

Conhecemos casos de crianças que se tornaram instáveis e irrequietas depois do aparecimento da televisão, a tal ponto, que os pais tiveram de recorrer a um especialista; sem a televisão tudo voltou ao normal[35].

---

35 É impossível fechar-se ao contato com os novos aparatos tecnológicos que surgem a todo momento. A preocupação atual relaciona-se ao uso das TICs (Tec-

O cinema é um instrumento cuja ação psicológica é ainda pouco conhecida; no entanto, o problema começou a ser estudado de maneira científica, como acontece em Paris, no Instituto de Filmologia. Vários estudos mostram a utilidade do filme para o ensino, contribuindo para o aprendizado. Mas, constatou-se também que as crianças e os adultos podem reviver intensamente os conflitos e experiências pessoais, colocando-se "na pele" dos personagens mais parecidos consigo mesmos.

As consequências podem ser: a cura de uma neurose, mas também pode piorar o estado psíquico da criança.

Assim, é melhor abster-se da exposição de crianças a determinados filmes e programas de TV, até que se tenha um conhecimento melhor da ação dos mesmos sobre a mentalidade infantil e juvenil.

Crianças com problemas (estatísticas)[36]

Há no Distrito Federal, segundo o último censo demográfico, mais de 90 mil crianças e adolescentes. Fazendo o cálculo por ana-

---

nologia da Informação e Comunicação), principalmente a internet e o impacto que pode causar no processo de desenvolvimento da criança. O desafio de pais e educadores é selecionar as informações essenciais oriundas dessas inovações tecnológicas de forma a enriquecer o conhecimento e as habilidades humanas.

36 Os transtornos mentais acometem de 10 a 20% das crianças e adolescentes da comunidade (POLANCZYK, 2012).

logia das proporções encontradas nos países estrangeiros e em São Paulo, devem existir no Rio de Janeiro, 45 mil pessoas com deficiência intelectual e, aproximadamente, 300 mil jovens, apresentando distúrbios da conduta, tais como instabilidade, inquietação, angústia, excessiva timidez, hiperagressividade etc.

Para atender a essa população de crianças e adolescentes, é necessário a organização de um enorme sistema de assistência, que compreenda, não somente consultórios médicos, psicopedagógicos assim como um sistema de colocação em famílias, para crianças cujo lar inexiste ou é nocivo.

Os esforços despendidos nesse sentido pela Sociedade Pestalozzi do Brasil devem ser encorajados e apoiados não somente por todos os educadores brasileiros, mas ainda por todos os pais de família.

Crianças abandonadas – internato
Colocação familiar

Na Europa há uma tendência nítida a não colocar mais as crianças abandonadas em internatos especializados, mas sim a procurar uma família que possa substituir a verdadeira família.

Sabe-se, hoje, que para a educação da criança, sobretudo no que se refere aos seus aspectos afetivos, a família é indispensável. Crianças criadas em internatos, sobretudo quando foram separadas muito cedo da mãe, apresentam em geral problemas sérios de ajustamento à vida social e profissional quando adultas.

Por isso é recomendável o sistema de "colocação familiar"[37],

---

37 Atualmente esse sistema corresponde ao conceito de "família acolhedora", a qual acolhe em sua residência, temporariamente, crianças e adolescentes afastados do convívio familiar por meio de medida protetiva, em função de risco

o qual, na Europa, mostrou-se o único coroado de êxito no amparo à infância abandonada e delinquente.

Crueldade – sadismo

A crueldade e o sadismo aparecem em certas idades, porém de maneira furtiva e esporádica. Considera-se, em geral, a criança permanentemente cruel, como sendo neurótica. Crianças que matam moscas, que martirizam cachorros e gatos, que beliscam os colegas, que contam calúnias para fazer sofrer os amigos, são crianças que, por algum complexo, foram levadas à maldade. Esse traço é comum em certas doenças mentais, por isso mesmo, quando ele perdura, a criança deve ser examinada.

Cursos profissionais – ginásio é...*

O curso ginasial está exercendo verdadeira fascinação sobre os adolescentes e seus pais, pelo prestígio que adquiriu estes últimos anos. Pela experiência que temos no aconselhamento dos jovens na escolha da sua profissão e dos seus estudos, temos notado haver certo prejuízo para muitos adolescentes em escolher o ginásio; esse curso se destina, em tese, aos alunos que pretendem ingressar em curso superior; na realidade nem todos os cursos superiores têm o seu melhor preparo no ginásio; por outro lado, o tipo de ensino ministrado nos ginásios não convém para todos os tipos de alunos; vamos dar exemplos:

Muitos adolescentes que querem fazer estudos de Engenharia, mais tarde, estão profundamente desajustados no ginásio porque

---

pessoal e social ou cujas famílias ou responsáveis se encontrem impossibilitados de cumprir sua função de cuidado e proteção.

* Cf. nota 4.

lhes falta o contato com os aspectos técnicos da vida e porque estão sendo submetidos a um ensino verbal *ex cathedra*, enquanto toda sua personalidade tende a realizar, fazer, construir, enfim a utilizar a sua inteligência em aprendizagem ativa; ora, com a legislação em vigor, esses mesmos adolescentes poderiam frequentar o curso básico industrial onde receberiam cultura equivalente a do ginásio além de entrar em contato com a realidade industrial e adquirir uma profissão técnica, ao mesmo tempo que se prepararia para ingressar em curso superior; evitar-se-á assim a existência de engenheiros que nunca trabalharam com as mãos e não têm, no fim de anos de estudos superiores, nenhuma noção do que é trabalho industrial.

O mesmo se dá com as profissões de economista, administrador, contador, secretário, advogado, tabelião e outras, para o preparo das quais o curso comercial básico é muito mais indicado que o próprio ginásio, além de dar uma ocupação profissional aos que se diplomam, permitem, graças ao sistema legal de articulação em vigor, ingressar em cursos técnicos comerciais ou no curso Científico e Clássico; os próprios cursos técnicos comerciais e industriais permitem ingresso em qualquer curso superior dando formação equivalente ao Curso Científico; atualmente, os melhores alunos dos cursos de Engenharia não são os ex-alunos dos cursos científicos, mas sim dos cursos técnico-industriais.

Denúncia – delação

"Professor, ele me bateu" – "Professor, a Maria roubou o lápis da Geralda! Eu vi" – "Professora, foi o João que quebrou a janela com a bola"; tais são as denúncias que recebem os educadores diariamente; qual a razão dessas denúncias?

Nota-se que são em geral as mesmas crianças que fazem as denúncias; muitas vezes trinta crianças conhecem o culpado e só uma faz a denúncia; qual a explicação da conduta do denunciador?

A maioria das crianças que costumam denunciar os outros, são crianças inseguras que procuram atrair a confiança e a amizade do mestre; procuram valorizar-se através da denúncia.

Outras crianças, criadas com ciúme dos seus irmãos e acostumadas a denunciá-los aos seus pais, reproduzem essas condutas na escola por uma simples "transferência" da situação familiar, à situação escolar.

A denúncia pode ser também uma vingança contra uma criança que costuma denunciar.

Crianças criadas com profundo sentimento de justiça denunciam às vezes os colegas sob efeito da revolta que sentem diante de algo que não acham direito.

O medo das crianças mais velhas leva muitas vezes crianças pequeninas a denunciar os maiores, para chamar a proteção do educador.

Salvo neste último caso, os bons educadores não tomam conhecimento da denúncia, a fim de desenvolver na criança os sentimentos de camaradagem e de lealdade; procuram que os culpados de algum erro se apresentem por si mesmos, e, fazendo com que reconheçam o seu delito, não os castigam.

Destruição, espírito de...

Há crianças que destroem tudo o que encontram e mais particularmente os seus brinquedos. Por que isso acontece? Nem sempre é por maldade, como afirmam muitos pais. Na maioria das vezes, as crianças desmontam os objetos para ver como são feitos, o que há por dentro, porque funcionam mecanicamente, ou para ver de onde vem o "barulhinho", nesse caso o ato de destruir não é senão um sinal de que a criança é inteligente e procura raciocinar.

Outros destroem quando enraivecidos; não podem bater nos adultos, destroem o que encontram. Nesse caso, é preciso corrigir ou canalizar a agressividade.

Quando a criança destrói os brinquedos dos companheiros, em geral, é sinal de ciúme; acha uma injustiça que os outros tenham coisas mais bonitas do que ela!

Desencaminhamento de menores

Recentemente me contaram a história de uma menina de seis anos de idade, que foi levada, em plena Copacabana, ao apartamento de um adulto, o qual abusou de sua inocência; abusos desse gênero se desenvolvem à medida que cresce a população; maior o número de pessoas numa cidade, e maior também o número de anormais.

Há, por conseguinte, um perigo cada vez mais intenso para nossos filhos, numa hora de desatenção de nossa parte, serem levados a se prestar a atos perversos por parte de adultos doentes mentais.

Como evitar tal perigo?

Em primeiro lugar, não deixando os filhos brincar na rua, sem o devido acompanhamento de um adulto.

Em segundo lugar, é necessário recomendar às crianças que não conversem com adultos que não conheçam, nem aceitem convites ou doces de pessoas estranhas; insistir em que pode haver entre estas, pessoas más, que podem roubá-las ou matá-las; ficar-se-á, assim, dentro da verdade, sem ter de explicar outras razões, que a criança não compreenderia.

Deveres escolares

É a prática dos deveres em casa recomendáveis? Não bastariam as aulas para conveniente aprendizagem escolar? É indispensável tomar tempo do aluno fora do período escolar? Que tipo de deveres são aconselháveis? Como deve o professor utilizá-los convenientemente? Qual o papel dos pais nos deveres escolares? São perguntas que vêm à mente dos educadores constantemente; por isso tentaremos dar-lhes respostas adequadas.

Quando insistimos sobre o fato de a aprendizagem de qualquer assunto ser facilitada pela experiência e atividade pessoal do educando, referimo-nos, também, aos deveres escolares. O dever bem orientado e organizado pode ser um dos recursos que o professor tem para tornar o seu ensino ativo por parte do aluno.

Para isso é necessário distinguir vários tipos de deveres escolares:

1) *O dever de repetição,* que consiste, como indica o nome, em fazer o aluno repetir em casa exercícios iguais, ou na maioria dos casos, análogos aos efetuados na escola.

2) *O dever de aplicação,* cujo conteúdo implica colocar em prática elementos teóricos aprendidos na escola sob a forma de problemas ou exercícios práticos.

3) *O dever de preparação,* que consiste em submeter ao aluno exercício ou problema a seu alcance; porém, cujos fundamentos teóricos não foram ainda estudados em aulas, mas que farão objeto de estudo no dia consecutivo ao dever.

O dever de repetição constitui excelente oportunidade para cada aluno automatizar regras de gramáticas ou fórmulas aritméticas pela prática pessoal, o que se torna impossível em horas de aula em turmas de trinta ou quarenta alunos, como existem atualmente na maioria das escolas.

O dever de aplicação parece-nos contrário às leis da aprendizagem, segundo as quais só se aprende fazendo; parte do pressuposto de que se deve ensinar vindo da teoria para a prática; a teoria far-se-ia na escola; a prática far-se-ia em casa. Na realidade isso não dá certo pois a criança não entende por si mesma o que não teve oportunidade de estudar previamente; por essa razão, seria mais interessante desenvolver o dever da preparação.

O dever da preparação tem a grande vantagem de colocar a criança diante de algo novo, diante de uma dificuldade para resolver; muitos alunos resolvem o problema ou conseguem superar as dificuldades, outros encontrarão maiores obstáculos; mas todos chegarão à aula interessadíssimos em saber se acertaram, ou ao contrário, como fazer para alcançar resultado certo.

Parece-nos que o ideal é dar um dever de preparação da aula seguinte e um dever de repetição da aula passada; aliás, isso permite ao professor controlar a eficiência do ensino, ou melhor, da aprendizagem e dosá-la em função da compreensão dos alunos;

deveríamos utilizar o termo "permitiria", pois os deveres só refletem as dificuldades dos alunos quando feitos realmente por eles e não pelos pais.

Muitos professores não têm ilusão quando avaliam certos deveres, reconhecendo pelo estilo, a marca da ajuda dos pais; neste caso a boa nota é dos pais e não da criança. Qual a função dos pais no que se refere aos deveres escolares? Devem eles fazerem os deveres, explicar como fazer ou não intervir? São, realmente, três atitudes possíveis e frequentes utilizadas pelos pais; vamos analisar essas três soluções e mais algumas existentes, porém, de uso menos frequente.

1) Os pais fazem integralmente os deveres; os filhos apenas copiam a obra de seus progenitores; o resultado é simplesmente desastroso para as crianças que não aprendem nada, senão a copiar.

2) Atitude oposta é a dos pais que não fazem nada a respeito dos deveres, deixando inteiramente à vontade dos filhos; quando estes são bem dotados e acompanham regularmente a escola não há problemas, principalmente quando as crianças têm hábito de estudos pessoais; mas, quando pelo contrário, os filhos em vez de fazerem os deveres escolares ficam brincando na rua ou olhando televisão, haverá sérias dificuldades.

3) Certos pais pensam que devem substituir o professor na hora de fazer os deveres; fazem então questão de explicar ou de reexplicar tudo aos filhos. Isso pode trazer resultados quando os pais são bem relacionados com os filhos e têm paciência necessária para isso; caso contrário, podem provocar nas crianças verdadeira ojeriza pelos estudos, motivo do caso seguinte.

4) Existe, também, a prática do castigo: os pais limitam-se a castigar os filhos quando os mesmo não querem fazer os deveres ou quando trazem más notas. Conheço o caso de uma

senhora que dava uma bofetada a cada erro de ortografia que o filho praticava; tempo depois veio queixar-se no consultório psicopedagógico pelo fato de o filho não gostar de estudar Português, pois apesar das bofetadas, continuava a cometer erros ortográficos.

5) Outra solução consiste em esperar que a criança não entenda algum assunto para dar-lhe explicações necessárias.

Qual a solução certa? Qual deve ser o papel dos pais no que se refere aos deveres escolares? Vamos expor, a seguir, alguns princípios básicos:

1) Cabe aos pais criar, o mais cedo possível, o hábito de estudar em hora determinada; em geral, depois da hora de lazer e de jogos a fim de evitar que a criança pense em brincar durante o estudo; criança acostumada a sentar todos os dias à mesma hora no mesmo lugar para fazer os deveres não criará muitos problemas quanto ao tomar a iniciativa de realizar o trabalho.

2) A intensidade e a frequência com a qual os pais devem intervir nos deveres, depende da criança: é evidente que nos dois ou três primeiros anos a ajuda será maior; no entanto, é conveniente fazer com que, o mais cedo possível a criança estude sozinha. O papel dos pais deve limitar-se, em caso de dificuldade, em fazer com que a criança chegue à solução ou a conclusão por si mesma; pode-se mostrar o caminho, mas evitando dar a solução sem colaboração ativa por parte do filho.

3) Se houver dificuldade de tal ordem que se tornar impossível a realização dos deveres, então será necessário contato com o professor a fim de verificar se isso também acontece na escola; provavelmente isso significará a existência de algum problema a encarar com seriedade, porém sem desespero. Aconselha-se a consulta a um serviço especializado em psicologia aplicada.

Diploma

No dia seguinte ao ter recebido o diploma de fim de curso de grau médio e superior, muitos estudantes perguntam a si mesmos: "E agora, o que vou fazer com meu diploma?" Verificamos que não têm nenhuma ideia quanto à profissão que irão abraçar! Fizeram o curso de contabilidade, de direito, ou outro profissional qualquer sem ao menos perguntar se pretendiam realmente abraçar tal profissão! Passada a alegria da colação de grau, verificam então, amargamente que perderam o seu tempo por não terem recebido a tempo orientação conveniente. No dia da diplomação é tarde demais para se pensar em escolher uma ocupação profissional; isso deve ser feito muito antes, no fim do curso primário ou de um dos cursos de grau médio, conforme o caso.

A orientação profissional é a nova ciência que justamente permite evitar erros, examinado a tempo as aptidões e aspirações dos adolescentes, ajudando os pais a escolher os estudos mais convenientes para os seus filhos.

Muitos fracassos poderão assim ser evitados.

Educação moral – esportes

Numerosos diretores de colégios e professores não estão satisfeitos com os chamados "programas de Educação Moral e Cívica"[38], pois acham, com muita razão, que educação não se ensina, mas se faz, que não adianta falar em honestidade, pontualidade, respeito às leis, sem ao mesmo tempo treinar o aluno a pôr tais qualidades em prática.

O grande problema é justamente saber como fazer a criança e o adolescente adquirir esse hábito sem prejudicar a aplicação dos programas escolares.

A resposta se encontra, por incrível que pareça, em esportes, tais como, por exemplo, o "futebol". Convém aproveitar o grande interesse da mocidade pela prática dos esportes, para alcançar os objetivos dos quais acabamos de falar; através da prática do futebol, orientada por um monitor que seja ao mesmo tempo um educador, é possível, digo mesmo é fácil, inculcar o respeito ao regulamento, tornando isso habitual; a criança vai observar que a desobediência ao regulamento traz sanções proporcionais à gravidade do erro cometido; pode-se também mostrar como saber perder, e reconhecer, não somente os próprios erros, mas também louvar as qualidades do adversário felicitando-o quando tiver ganho; os briguentos terão ótima oportunidade para treinar o controle de si mesmos em situações irritantes tais como as provocadas por um chute mal dado, por um empurrão, recebido de um adversário.

---

38 Disciplina obrigatória nas escolas de todos os graus e modalidades do país. Na época, dizia-se que o objetivo da matéria era "estimular uma atitude e consciência cívicas" nos jovens (SACONI, 2014).

Educação sexual

(Cf. "O problema da cegonha" no livro *Relações humanas na família e no trabalho*, do mesmo autor.)

Educador, professor – sexo do...

É melhor ter professor homem ou mulher? Tal pergunta, embora fundamentada, está se tornando de ano para ano cada vez mais inútil, porque o elemento masculino está diminuindo assustadoramente no ensino.

Em palestra que pronunciei perante mais de trezentos educadores, só notei a presença de quatro homens, o que põe em relevo o desinteresse progressivo do elemento de sexo masculino pelo magistério.

Essa situação apresenta para a educação inconvenientes provavelmente sérios pelas seguintes razões.

1) A educação é um processo no qual a imitação tem grande função através do processo de identificação; não sabemos até que ponto a ausência do elemento masculino, fora do lar, terá repercussões na formação da personalidade dos rapazes.

2) A ausência quase total de professores do sexo masculino no ensino primário é talvez a causa de numerosos desajustes no princípio do ensino de grau médio onde ainda há muitos professores homens.

Estudo mais aprofundado desse problema seria necessário sobre as causas, consequências e remédios para o problema que acabamos de levantar.

Emulação – ciúmes – comparações entre irmãos

(Cf. *Relações humanas nas família e no trabalho* do mesmo autor.)

Ensinar, arte de... – interesse

(Cf. tb. cap. 2 "Como ensinar?")

Certos professores precisam se convencer que ensinar é coisa diferente de falar muito e fazer seus alunos decorarem páginas e páginas de livros, ou mesmo copiar dez vezes uma mencionada lição ou frase!

Sabe-se hoje que as crianças, e os adultos também, aprendem muito melhor quando estão interessados em adquirir novos conhecimentos.

A arte de ensinar é antes de tudo a arte de interessar os alunos a assimilar os assuntos. Há vários meios de interessar os alunos a aprender, de criar motivos para o estudo, de, enfim, motivá-los.

1) Partir dos interesses do grupo ou do aluno para chegar ao assunto a tratar;
2) Tornar os alunos conscientes do seu próprio progresso, construindo curvas das notas, numerosas de assuntos registrados etc.

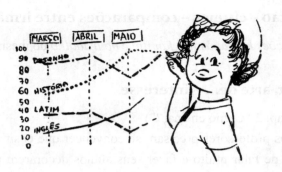

Enurese noturna

O "molhar a cama" pode ser interpretado de diversas maneiras, segundo o caso.

Os portadores de deficiência intelectual mentais molham a cama porque o sistema nervoso não lhes permite o controle necessário; é o que também acontece em outras doenças neurológicas de criança.

A enurese existe, porém, em crianças nas quais o médico não encontrou nenhuma causa orgânica, a criança molha a cama, apesar de já ter passado da idade para isso.

Em alguns desses casos, psicólogos notaram que quando se muda a criança de ambiente, a enurese desaparece. Realmente, parece que nesse caso a criança "molha a cama" para atrair a atenção da mãe sobre si, é um desejo inconsciente de ficar pequeno, isso acontece principalmente na ocasião do nascimento de um irmão.

Em certas crianças que dormem no quarto dos pais, a enurese foi interpretada como uma reação de medo ou protesto a coisas indevidas assistidas ou ouvidas pelas crianças. Essa é uma razão pelas quais se desaconselha que os filhos durmam no quarto dos pais (cf. tb. "Hábitos de asseio").

Escolaridade, prolongamento da...

Há uma necessidade urgente de tornar obrigatória a escolaridade de adolescentes até a idade de 14 anos; a falta de uma lei nesse sentido está provocando sérios desajustamentos na mocidade, os quais iremos resumir a seguir[39]:

1) A maioria das crianças deixa a escola aos dez ou onze anos com ou sem curso primário concluídos; como não tem direito, por lei, de trabalhar, ficam inativos, vadiando nas ruas e tomando contato com delinquentes e vagabundos.

2) Depois de três ou quatro anos procuram empregos, mas constatam que não têm instrução suficiente para exercer verdadeira profissão ou para entrar em aprendizagem; na realidade, esqueceram quase tudo que aprenderam na escola e regrediram a um nível de conhecimento de segunda ou terceira série primária. Pesquisas efetuadas nos Estado Unidos, demonstraram que, depois de um ano de ausência de escolaridade, os alunos esquecem de trinta a setenta por cento do que aprenderam; então, o que deve ficar depois de quatro anos de vadiagem!

3) Instituições como Senai e Senac não conseguem dar verdadeira aprendizagem a grande parte dos menores por não terem base suficiente para iniciar uma aprendizagem profissional.

4) É possível que o próprio desenvolvimento mental pare mais cedo, por falta de treinamento da atividade mental.

---

39 A Lei 12.796 alterou a Lei 9.394, tornando a Educação Básica obrigatória e gratuita dos 4 (quatro) aos 17 (dezessete) anos de idade, organizada da seguinte forma: a) pré-escola; b) Ensino Fundamental; c) Ensino Médio.

Escolha da profissão, influência dos pais na... Orientação profissional

"Eu quero estudar agronomia mas meu pai não concorda, pois quer que eu seja médico; tenho horror a sangue e não tenho nenhuma vontade de ficar auscultando as pessoas; o que devo fazer? Obedecer ao meu pai e estragar a minha vida fazendo o que eu detesto ou resistir estudando o que eu quero? Tenho dezessete anos e não me agrada contrariar o meu pai; o que o senhor me aconselha?"

Eis o tipo de pergunta que muitos adolescentes fazem aos professores ou ao orientador educacional e profissional. Para qualquer educador, a resposta é difícil, pois constitui um dilema: escolher entre a infelicidade futura do adolescente ou concordar com um desrespeito à autoridade paterna.

O processo moderno da "orientação profissional" dos adolescentes evita muitas vezes esse tipo de conflito; após minucioso exame psicológico e médico e depois de ter ouvido a opinião do professor a respeito do futuro profissional do aluno, o orientador chama o pai a fim de apresentar-lhe a opinião abalizada de vários especialistas a respeito do assunto; no caso de haver discordância entre as aptidões e as aspirações do adolescente e a vontade dos pais, o orientador tenta convencer os pais dos perigos de escolher uma profissão contra o gosto e as aptidões individuais.

Com efeito, a experiência mostra que de quarenta a cinquenta por cento dos que escolheram a profissão forçados por circunstâncias alheias e contra o seu gosto, fracassaram e mudaram de atividade na primeira oportunidade.

Escotismo – educação (crianças difíceis)

O escotismo, criado por Lord Baden Powell, é um método de educação moderna, que já demonstrou os seus efeitos benéficos no mundo inteiro. Na guerra dos ingleses contra os Boers, o General Baden Powell confiou missões de ligação entre os postos de combate de adolescentes; notou na ocasião que não somente podia confiar responsabilidades importantes às crianças, mas ainda que o fato de confiar nelas tinha alto valor educativo; assim nasceu o escotismo, cuja finalidade essencial é desenvolver a personalidade dos jovens dos dois sexos, através de esporte, jogos educativos, distribuição de responsabilidades etc.

Em muitos casos de crianças apresentando dificuldades na sua educação, tais como instabilidade, desonestidade, falta de iniciativa, egoísmo exagerado e outros, as modificações e melhoramentos obtidos pelo escotismo foram em muitos casos surpreendentes.

O escotismo estendeu também a sua ação às crianças e adolescentes hospitalizados por doenças pulmonares ou por dificuldades motoras, aos cegos e também aos delinquentes; o "escotismo de extensão", como o chamado na França, conseguiu verdadeiros milagres na reeducação e readaptação de crianças e adolescentes com deficiência intelectual.

Estudar, como...

Estudar é uma técnica e, como qualquer outra se aprende.

Se há inúmeras pessoas que, diante de um livro, se sentem impossibilitadas de lhe assimilar os assuntos, é que nunca aprenderam a estudar.

Damos aqui alguns conselhos para você estudar melhor:

1) Leia um pouco, todos os dias, para adquirir o hábito do estudo.

2) Sentindo, inicialmente, dificuldade de concentrar sua atenção, sublinhe os trechos importantes e anote as ideias principais.

3) Escolha livros que sejam importantes para você e se recomendem por suas qualidades.

4) Lembre-se: a pressa é inimiga da aprendizagem. Por isso, se tiver dificuldade, consagre mais tempo à leitura, no início. Faça isso e obterá, certamente, ótimos resultados.

Estudos secundários

É possível, hoje, por meio de testes psicológicos, saber se uma criança de doze anos deve prosseguir seus estudos secundários, se tem aptidões para o clássico ou para o científico[40], ou ainda, se está feita para estudos técnicos, comerciais e industriais.

Além disso, os testes psicológicos permitem aos especialistas prever com muita segurança se um adolescente poderá exercer mais tarde uma profissão que necessite de formação universitária.

A orientação educacional e profissional procura evitar desajustamentos futuros; encaminhando desde cedo: "cada homem para seu devido lugar".

Exames escolares – orientação profissional

Na época dos exames escolares muitos são os adolescentes e pais a terem de tomar uma decisão quanto à continuação dos estudos; as perguntas feitas são as mais diversas possíveis: – Deve continuar os estudos? Não será melhor parar e abraçar a profissão, ingressando em aprendizagem numa firma comercial ou numa indústria? Não será preferível ele trabalhar com papai? Caso continuar os estudos, quais os mais aconselháveis? Comercial básico, técnico de secretariado ou de contabilidade, básico ou técnico industrial, ou será preferível o ginasial? No fim do ginásio, será melhor seguir o clássico ou científico?

Da maneira pela qual os pais resolvam tal problema, depende em grande parte todo o futuro dos filhos e muitas vezes a sua feli-

---

40 Cf. nota 4.

cidade, pois a profissão é a metade da vida; quem escolheu bem um ofício ou uma ocupação profissional, tornar-se-á mais feliz do que quem errou no caminho profissional.

Convém não deixar tal escolha ao acaso da opinião de um tio, de um amigo ou do primeiro emprego, ou do curso mais perto da residência.

Escolher uma profissão é algo de sério; podem-se evitar muitas decepções, consultando um serviço de orientação profissional, onde são utilizadas técnicas de psicologia aplicada, quer dizer testes, entrevistas, exames médicos, graças às quais é possível diagnosticar com grande segurança as aptidões, interesses e personalidade do adolescente.

A psicologia aplicada[41] permite prever com muita probabilidade de acerto "para que o menino dá", pois todos nós temos mais aptidões e maior pendor para certas profissões do que para outras; a psicologia aplicada permite descobrir essas características pessoais.

Família, importância da...
Internamento

No mundo inteiro está se passando fenômeno muito sério e cujas consequências ainda não podem ser avaliadas inteiramente: o da transmissão progressiva dos poderes educacionais dos pais e da família para os mestres e a escola.

No início do século, ainda, a escola tinha unicamente a função de "ensinar", quer dizer, transmitir conhecimentos, função que antigamente pertencia à família. Hoje a escola pretende também "educar", quer dizer, formar a persona-

---

41 Cf. nota 24.

lidade total. A explicação desse fenômeno pode ser encontrada na tremenda vida movimentada à qual todos os pais estão submetidos na cidade moderna; no interior, como mostraram vários sociólogos brasileiros, à instabilidade do casamento causada pelas migrações constantes dos homens movidos por pressões econômicas e falta de motivos de fixação à terra.

Todas as "experiências" educacionais realizadas no sentido de substituir a família por internato, cidades de crianças ou lares artificiais em pavilhões, fracassaram, pois a família se revelou fator indispensável à educação da criança e sobretudo à sua estabilidade emocional, a maioria dos adultos sem coração e afetivamente foram separados da mãe nos primeiros meses da sua vida, conforme mostraram psicólogos americanos e europeus.

Em um seminário para assistência à criança excepcional realizado pela Sociedade Pestalozzi do Brasil, por ocasião do seu décimo aniversário, também se salientou a insubstituibilidade da família e a necessidade de se orientar os pais na sua tarefa educacional em função dos problemas próprios ao seu ambiente social; colocou-se em evidência que, sem a colaboração ativa da família, a escola fracassará na sua missão.

Pode-se, sem risco, colocar os filhos em internatos? Haverá perigos? A importância da família na educação das crianças é maior do que muitos podem pensar; as seguintes observações feitas nos Estados Unidos, na França e, mais recentemente, no Brasil, colocaram em evidência os prejuízos fisiológicos provocados pela ausência da mãe sobre as crianças internadas ou asiladas.

Anna Freud, em Londres; Rible, nos Estados Unidos; Roudinesco, na França; Antônio Branco Lefèvre e colaboradores, no Brasil, demonstraram que as crianças criadas em asilos ou hospitais tinham atraso não somente no desenvolvimento físico, mais ainda, no seu desenvolvimento mental; atribuem os autores esse fenômeno à ausência de carinhos e afeto que, normalmente, as crianças recebem nessas idades, pois sua alimentação era tão boa quanto as das crianças criadas em casa.

Quando as crianças são órfãs de mãe, há necessidade de substituir o carinho e a presença materna pelo afeto de outra mulher que pode ser a própria enfermeira do hospital ou uma mãe adotiva. Quanto aos filhos maiores, iremos falar da sua colocação em internato, adiante.

Férias

O que fazer com as crianças durante as férias?

Eis uma pergunta que faz a maioria dos pais, sobretudo os que não têm a felicidade de ter um sítio ou uma fazenda onde os filhos possam se expandir à vontade.

Para as crianças pequenas, abaixo de dois anos, o tipo da atividade não muda, pois elas já têm hábitos, suas horas de comer, de dormir e de brincar.

O problema existe, sobretudo, para as crianças que frequentam a escola, seja jardim de infância[42], escola primária ou secundária.

Quando os pais ficam na cidade durante as férias, é necessário organizar um programa de atividades para os filhos.

Durante as primeiras semanas, convém esquecer por completo toda atividade de estudos, para as crianças descansarem, realmente, do esforço fornecido durante o ano todo; aproveitar a praia de manhã, os passeios e recreios à tarde; quando chover, existem muitos brinquedos e jogos, dos quais tanto os pais como os filhos se esquecem, vamos citar aqui alguns: lotos, dominó, dama, xadrez, quarteto, confecção de fantoches de pano e teatro, pintura, modelagem, desenho.

---

42 Cf. nota 13.

Crianças que procuram incomodar o sossego dos pais são em geral, crianças que não têm o que fazer, ou por falta de material ou por falta de programa de diversão.

É de toda conveniência utilizar, de vez enquanto, os recursos postos à disposição pelas autoridades públicas: existem tantos museus para visitar, sem contar o jardim zoológico e lugares pitorescos ou históricos.

Depois de algum tempo, é necessário pensar em evitar que a criança se esqueça de tudo o que aprendeu durante o ano; meia hora de exercícios por dia evitará isso com a maior facilidade, meia hora que convém colocar sempre na mesma parte do dia, de manhã cedo, de preferência, a fim de acostumar o filho a isso.

Quando as férias das crianças coincidirem com as dos pais tudo é perfeitamente realizável; mas quando os pais trabalham, isso, evidentemente, agrava ainda mais o problema; se querem evitar ver os filhos abandonados na rua, será necessário organizar um rodízio com os vizinhos; ou então, solução muito mais adequada, recorrer a uma das numerosas colônias de férias ou acampamentos atualmente em organização por várias entidades públicas ou particulares.

Filho único

O filho único é conhecido por ter um comportamento diferente das outras crianças; podendo ser mais egoísta e pouco sociável.

É o caso, sobretudo, das crianças que só tiveram o convívio de adultos até a idade escolar; é evidente que o primeiro contato com a escola provocará choques e retraimentos. O fato de a criança ser única provoca também uma superproteção por parte dos pais, de tal modo que mais tarde ela não poderá suportar que outros passem antes de si.

As medidas a serem tomadas pelos pais que têm filhos únicos são as seguintes:

1) Colocar a criança desde dois ou três anos numa escola maternal ou jardim de infância.

2) Convidar muitas crianças em casa para suplantar a falta de irmãos

3) Evitar mimos demasiados para com a criança mas não tomar atitude oposta, que também é prejudicial.

Fracasso na vida

O número de pessoas que fracassaram na vida porque os pais não pensaram suficientemente nos problemas de sua educação é muito grande.

Podemos distinguir três categorias de fracasso:

1) Fracasso profissional
2) Fracasso na vida social
3) Fracasso na vida íntima

Os fracassos na vida provêm, em geral, de uma escolha errada da ocupação profissional; para todos nós existe um certo número de atividades para as quais não fomos feitos. Trabalhar de pé, para quem tem varizes, ou ser professor para quem não tem paciência ou não gosta de crianças, pode levar a desajustamentos sérios e até doenças físicas ou mentais.

Existe hoje uma ciência, a "orientação profissional", que permite aconselhar os pais sobre o futuro profissional de seus filhos, por meio de exames psicológicos e médicos. Procurar os conselhos de um bom especialista em orientação profissional, antes de decifrar o futuro dos filhos, é um dever para os pais.

Os fracassos na vida social e na vida íntima do adulto têm muitas vezes origem em erros de educação; pais excessivamente rígidos podem levar os filhos à timidez e à eterna rebeldia; pais que brigam entre si, em presença da criança podem gerar instabilidade e incapacidade para um matrimônio feliz, pais sem firmeza pode ter filhos descontrolados etc.

Crianças com problemas na vida escolar serão futuros desajustados, se os pais não tomarem cedo medidas a respeito.

Futuras mães

A importância psicológica da personalidade da mãe na formação de suas filhas é primordial.

Pode-se afirmar que quanto mais nova é a criança, maior função da mãe na sua educação.

Em pesquisas realizadas sobre delinquentes, verificou-se que, entre os completamente amorais, a maioria havia sido separada da mãe nos dez primeiros meses de vida, e não tiveram substituto materno.

As futuras mães deveriam preparar-se para ter filhos; e antes de o terem, deveriam examinar melhor porque querem ser mães: Para fazer como as outras mulheres casadas? Para fazer a vontade do marido? Para não ficarem sozinhas em casa? Para ter alguém que as sustente na velhice? Para cumprir seu instinto materno?

Cada uma dessas razões de ser mãe existe, realmente, quando não estamos diante do fato consumado: tornar-se mãe porque já se está esperando a cegonha.

Quem quer ou vai ser mãe deveria ser consciente da sua grande responsabilidade: a de preparar as gerações de amanhã. Se todas as mães do mundo fossem orientadas para extirpar em cada indivíduo os germes da guerra, talvez tivéssemos um mundo de amanhã feito de paz e compreensão, entre os homens de todos os países do universo.

Gagueira

Há muita discussão ainda em torno das origens da "gagueira". Muitos notaram que as crianças gagas são em geral emotivas, e daí concluíram que a gagueira tem origem emocional; outros afirmam que a emotividade nos gagos provém do complexo de inferioridade provocado pela própria gagueira; é realmente difícil dizer se a criança é gaga porque se sente insegura, ou se é insegura porque se sente gaga. Há, provavelmente, na maioria dos casos uma intrincação dos dois fatores.

Acontece às vezes que a gagueira principiou no momento da aprendizagem da escrita; verificando de mais perto os casos, constatou-se que as crianças eram canhotas e que os seus professores ou pais forçaram-nas a escrever com a mão direita.

Grandes choques emocionais coincidem muitas vezes com o aparecimento da gagueira; conheci, por exemplo, uma

155

criança que, depois de ter passado debaixo de um trem, começou a gaguejar.

Às vezes, encontram-se em famílias de gagos, outros indivíduos com distúrbios da palavra, e não faltaram cientistas para afirmar uma base hereditária na gagueira.

Os psicanalistas insistem no fato de que muitas pessoas com gagueira foram criadas num ambiente de tensão nervosa e de desentendimento familiar; para eles a gagueira seria uma "neurose" curável por psicoterapia.

Certos tipos de gagueira têm sua origem no sistema nervoso, vocal ou respiratório.

A reeducação dos gagos far-se-á em função das causas prováveis que provocaram o distúrbio; a psicoterapia, exercícios rítmicos, respiratórios, relaxamento muscular geral, são os meios mais apropriados.

Existem educadores especializados em reeducação da linguagem, que estão acostumados a lidar com as pessoas com gagueira. No Brasil, a conhecida psicóloga e educadora Ofélia Boisson Cardoso, desenvolveu essa especialidade da psicopedagogia, formando numerosos técnicos e organizando serviços especializados em reeducação da linguagem, como o da Sociedade Pestalozzi do Brasil e do serviço de ortofrenia da Secretaria de Educação da Prefeitura do Distrito Federal.

O recente desenvolvimento da foniatria sob a liderança de Pedro Bloch está começando a prestar grandes serviços ao Brasil[43].

---

43 Médico, escritor e um dos pioneiros no Brasil na área da Fonoaudiologia.

Hábitos de asseio – penico
Educação do asseio

Para conseguir hábitos de asseio do neném nem sempre o fato de colocá-lo regularmente no vaso dá resultados. Se é verdade que certas mães conseguiram com êxito desde os primeiros dias, outras tiveram de esperar meses para isso. Qual a explicação desse fato? É necessário, antes de tudo, lembrar-se que o sistema nervoso de uma criança em baixa idade é algo de complexo em plena organização; antes de certa idade, a criança não tem o seu sistema nervoso suficientemente maduro para adquirir hábitos de asseio. Para uma criança não fazer mais suas necessidades na cama ou na roupa, são necessárias várias condições:

1) A criança deve possuir a capacidade de sentir a sua necessidade;

2) A criança deve ter adquirido a noção de que o vaso é o instrumento para recolher a urina e as fezes;

3) Deve ter capacidade de retê-las até chegar o momento oportuno;

4) Deve possuir a linguagem suficiente para fazer entender os seus pais as suas necessidades.

É provável que essas quatro capacidades apareçam em momentos diferentes; em todo caso precisam ser coordenadas e integradas num só conjunto que constitui justamente o hábito de asseio.

Certas mães contam que conseguiram criar esse hábito já com oito ou dez meses; a não ser raras exceções, trata-se de mães muito vigilantes que conseguiram perceber o momento oportuno, no qual não fazem nada mais do que recolher o material; mas não se pode falar nessa idade de um ato consciente por parte da criança; os pediatras costumam fixar dos dezoito meses aos dois anos de idade como período médio no qual se cria o hábito do asseio.

É por conseguinte um pouco antes dessa idade que convém começar realmente a colocar a criança diariamente no vaso, após ter observado a que horas mais ou menos ela está fazendo suas necessidades.

Não adianta nem exigir, nem gritar; é necessário muito carinho e muita paciência; no início, o material será recolhido por acaso; aproveitar esse acaso para mostrar à criança a sua produção e nomeá-la; trata-se de verdadeira aprendizagem; se esta for feita com brutalidade ou impaciência, poderá deflagrar neuroses capazes de acompanhar até a idade adulta.

O período da formação do hábito de asseio é um período difícil, durante o qual as crianças chegam até a fazer pinturas com as suas matérias durante a ausência de mãe; isso é frequente e não é um fato vergonhoso!

Indiferença – insensibilidade
Cegueira moral

A indiferença na criança deve ser encarada com seriedade.

Há, com efeito, crianças insensíveis a qualquer admoestação, a qualquer apelo feito à sua afetividade.

É preciso, antes de tudo, não confundir a insensibilidade aparente da criança reservada, introvertida, com a criança que realmente nada sente.

Observações feitas nos Estados Unidos e confirmadas na França mostram que uma grande porcentagem de crianças insensíveis afetivamente foi separada da mãe nos seis primeiros meses da sua vida, o que põe em relevo a importância do carinho materno para o desenvolvimento normal da criança. O mesmo acontece nos grupos de crianças cuja mãe foi substituída por outra presença feminina. A reeducação dessa criança é muito difícil e só a psicanálise infantil parece dar certos resultados.

Informação ocupacional

O que deve fazer um jovem para tomar rumo certo? O problema é antes de tudo dos professores e dos pais dos jovens.

Inquéritos realizados por vários laboratórios de psicologia brasileira põem em relevo a ignorância quase total, pelos adolescentes, das profissões que podem abraçar futuramente e dos cursos existentes para sua aprendizagem; os rapazes só escolhem medicina, engenharia, advocacia, mecânica ou contabilidade; as meninas só falam em serem professoras, datilografas ou estrelas de cinema.

É importante e indispensável que os professores aproveitem a oportunidade que têm durante as suas aulas, para falar e mostrar o maior número de profissões possíveis; evitarão assim futuros engarrafamentos de profissões onde já está se desenhando o desemprego como por exemplo o da advocacia nas grandes cidades; com exceção dos grandes advogados, os juristas da defesa não podem mais viver sem ter outro emprego que compense as deficiências da clientela.

Os pais também deveriam aproveitar os lazeres para visitar, com os filhos, fábricas, laboratórios, oficinas e mostrar as imensas possibilidades oferecidas pelos tempos modernos à nossa juventude a fim de encaminhá-los para escolas profissionais ou aprendizagem nos próprios empregos; o desemprego afeta sobretudo os que não possuem formação qualificada.

E quando chega o momento de escolher a profissão é bom verificar se os adolescentes têm aptidões para a ocupação pretendida, a fim de evitar perda de tempo e de dinheiro em aprendizagem inútil.

Inteligência, hereditariedade...

É a inteligência um traço hereditário? A pais inteligentes correspondem filhos inteligentes? Numerosos estudos psicológicos foram realizados para responder a essa pergunta. Estudou-se, por meio de testes, a correlação da inteligência dos gêmeos; a correlação é mais elevada entre gêmeos univitelinos (provindo de um mesmo ovo) que entre gêmeos fraternais e que entre irmãos.

Entre gêmeos separados por circunstâncias diversas no momento do nascimento, e criados sem ter mais nenhum contato, a correlação permanece elevada.

A correlação entre a inteligência de pais e de filhos legítimos é muito mais elevada que a correlação entre a inteligência de pais e filhos adotivos.

No entanto, uma pesquisa efetuada por nós sobre 30 mil brasileiros colocou também em evidência a importância insubstituível da educação, e mais particularmente da escola na formação da inteligência.

As aptidões musicais foram também observadas como sendo facilmente transmissíveis.

Quanto às outras aptidões, assim como o caráter e o temperamento, os resultados encontrados pelos pesquisadores são contraditórios; precisar-se-á ainda de muitos estudos para se resolver o problema.

Interesses profissionais, sexo e...

Em tese apresentada ao concurso de livre docência da cadeira de Psicologia Educacional da Faculdade de Filosofia, Ciências e Letras da Universidade de São Paulo, o Prof. Arrigo Angelini mostrou diferenças apreciáveis, encontradas entre os interesses profissionais dos adolescentes do sexo masculino e do sexo feminino.

Aplicando um teste de autoria do psicólogo americano Thurstone, aos alunos das quatro séries ginasiais de São Paulo o Prof. Arrigo revelou que os rapazes escolheram de preferência (pela ordem): as ciências físicas, as ciências biológicas e as profissões linguísticas.

Nos grupos de moças houve predomínio dos interesses pelas profissões linguísticas, artísticas e humanitárias.

É interessante notar o predomínio dos interesses pelas ciências positivas e pelas profissões de natureza afetiva nos grupos das moças.

Internato[44]

"Eu vou colocar meu filho em internato; ele é insuportável; além de mais não aprende na escola" – eis uma frase que estamos ouvindo semanalmente partindo de pais desesperados com a educação dos seus filhos. Antes de internar uma criança, convém estudar bem as causas e repercussões de tal providência; em particular é necessário encarar os seguintes aspectos:

---

44 Cf. nota 11.

1) *A idade da criança:* Em geral pode-se afirmar, que, quanto maior a idade, menores serão as responsabilidades de a criança suportar a separação: menor a criança e mais se torna necessária a presença e afeição dos pais; é uma medida perigosa aos primeiros meses; na adolescência, a partir de doze e treze anos pode se tornar benéfica a mesma providência.

2) *As relações entre os pais.* Há, em certos lares, uma situação conflitante permanente; as brigas são diárias e se fazem em frente à criança a tal ponto que, no exame psicológico, se conclui que toda a instabilidade e insuficiência escolar são causados por esses conflitos: se não é possível modificar as relações entre os pais no sentido de melhorá-las, então o internamento se revela necessário.

3) *As relações das crianças com seus pais:* Existem certas crianças e sobretudo adolescentes cujo temperamento estimula a desobediência e a revolta; quando há além disso, certa tensão no lar enfraquecendo a autoridade dos pais, também se revela muitas vezes necessário o internato.

4) *As relações da criança com os seus irmãos:* Os distúrbios da conduta ou do rendimento escolar podem ser devidos a situa-

ções conflitantes com o irmãos; nesse caso convém tomar muito cuidado antes do internamento; pois este pode piorar a situação e aumentar o ciúmes contra o que ficou perto dos pais.

5) *O estado psicológico* e fisiológico da criança muitas vezes contraindica o internamento a favor de outro tipo de tratamento ou de recurso educacional.

Introversão

"Ele está sempre num cantinho na hora do recreio". – "Ele nunca brinca com outras crianças" – são frases que se ouve em todos os colégios a respeito de certas crianças isoladas ou mesmo rejeitadas pelo grupo:

1) A criança é recém-chegada na escola e os grupos já se constituíram há muito tempo; existe nesse caso uma tendência conhecida pelos psicossociólogos, em não aceitar o novo elemento; cabe ao educador apresentar o recém-chegado aos seus colegas dando todas as explicações necessárias.

2) A criança tem um distúrbio da personalidade, tal como excessiva timidez, hiperagressividade, deficiência intelectual etc. Convém, neste caso, o educador encaminhar a criança a um especialista.

3) A criança é de natureza, de temperamento reservado, introvertido.

4) A criança tem distúrbio físico ou sensorial (surdez, dificuldade de andar, paralisia etc.); deverão ser orientados esses casos de tal maneira que o grupo, esclarecido através dos seus líderes a respeito do assunto, tornam o ambiente receptivo para esse tipo de crianças.

Jardim de infância[45]

Professores do jardim de infância lamentam porque há pais que colocam seus filhos no jardim quando perdem a babá e os reti-

---

45 Cf. nota 13.

ram quando encontram uma nova! Uma professora de jardim de infância é muito mais do que uma babá! O jardim, quando bem "organizado", tem altas finalidades pedagógicas e psicológicas, permitindo:

1) Preparar a criança para viver em grupos.
2) Desenvolver as aptidões através de jogos educativos, modelagem, jardim, pintura etc.
3) Ensinar a criança a cuidar de si mesma dando-lhe bons hábitos; vestir-se, escovar os dentes, manter em ordem seus objetos etc.
4) Preparar a criança para que tenha facilidade em aprender a ler e escrever no curso primário.

Jornais, sensacionalismo nos...

"Olha a fotografia do papai no jornal!" A professora, intrigada pela figura radiante da criança, olha para o recorte do jornal; era a fotografia do pai, sim; preso em flagrante por crime de roubo. O fato é verídico, e aconteceu num colégio carioca.

A publicidade feita nos jornais ao crime sob todas as suas formas, ter repercussões profundas em todas as camadas da sociedade; os ladrões tornam-se heróis para os adolescentes, e não se sabe até que ponto os adultos criminosos ou suicidas não foram influenciados nos momentos cruciais e difíceis pela leitura dos jornais; "assassinos, crime, lenocínio, suicídio, assalto, estrangulamento, envenenamento" são palavras que penetram no inconsciente de todos os trabalhadores e funcionários que saem das fábricas e dos escritórios à tarde; nem é preciso comprar vespertino, é só passar pela banca do jornaleiro; os títulos em manchetes estão prontos para invadir os seus pensamentos; isso já faz parte da nossa vida cotidiana.

Na França existe, hoje, uma comissão nacional de censura, limita, é bem verdade, à imprensa infantil, que evita a introdução de literatura perniciosa. Não seria possível conseguir o mesmo para os jornais de adultos, sem restringir a liberdade de imprensa?

Juiz de menores[46]

A responsabilidade confiada aos juízes de menores é muito grande; da sua decisão depende o futuro de muitas crianças e adolescentes, abandonados ou transviados.

É a razão pela qual em muitos países o juizado de menores se transformou em verdadeiro instituto médico psicopedagógico; antes de tomar a decisão final, a criança é submetida a exame psiquiátrico e psicológico completo; o assistente social visita o ambiente onde foi criada a criança e procura informar-se também cuidadosamente sobre a família ou a pessoa a quem vai ser confiado o menor; durante os inquéritos e testes psicológicos o menor é confiado a um centro de observação, onde educadores especializados verificam

---

46 O termo "menor" era utilizado pelo antigo Código de Menores (Lei 6.697/1979), para designar as crianças e os adolescentes. A Constituição Federal e o Estatuto

as suas possibilidades de reeducação; só depois de tudo isso é que o juiz de menores toma a decisão final.

Como se vê, o juiz de menores, não é apenas uma figura jurídica com objetivos coercitivos ou punitivos: ao magistrado acrescenta-se e muitas vezes substitui-se o psicólogo e o educador.

Leitura (dificuldades nas dislexias)

Criança que entre sete e oito anos não aprendeu a ler deve ser vítima de algum distúrbio; sobretudo quando foram feitos todos os esforços no sentido da aprendizagem. A primeira coisa a se fazer é o exame da vista; há crianças que não aprendem a ler simplesmente porque enxergam mal; e tais casos são frequentes.

Outra possibilidade é a imaturidade intelectual generalizada. A criança tem um atraso mental, o retardo não se apresenta apenas na leitura, mas também em outras atividades. Há também os distúrbios de leitura propriamente ditos e chamados "dislexias", que podem ser corrigidas com exercícios especializados.

O teste ABC[47], do ilustre professor brasileiro Lourenço Filho, permite diagnosticar a maturidade para a leitura e a escrita, assim como pesquisar as causas das dislexias.

---

da Criança e do Adolescente (ECA) romperam com sua utilização devido ao sentido pejorativo a ele inerente. Hoje em dia a Justiça da Infância e da Juventude é o órgão competente para aplicar as medidas elencadas no ECA, dentre elas as socioeducativas, destinadas a adolescentes autores de atos infracionais.

47 Manoel Bergström Lourenço Filho, psicólogo (1897-1970) foi um dos nomes mais expressivos do Movimento da Escola Nova no Brasil, que representou uma reação à pedagogia tradicional, e criador dos testes ABC, cujo objetivo era verificar nas crianças o nível de maturidade requerido para a aprendizagem da leitura e da escrita.

Liberdade na educação

"Deixe fazer o que ela quer" – "É preciso dar liberdade à criança" – "A psicologia moderna ensina que se deve evitar a formação de complexos através da coação"; são frases e *slogans* que se divulgam rápida e perigosamente entre pais e professores.

É preciso não confundir educação moderna com anarquia e *laissez-faire*. Nunca nenhum renovador da educação afirmou que se deve deixar a criança fazer o que ela quer e quando quer.

O que ensina a pedagogia moderna é que se deve procurar captar o interesse da criança para que aprenda melhor, pois ficou comprovado que os grupos de crianças interessados no assunto aprendem melhor que os grupos para os quais os professores só têm preocupação de "dar aula" e ir embora.

A pedagogia moderna ensina também que não adianta ensinar assuntos para os quais não há ainda maturidade suficiente da criança.

Os que deixam as crianças fazer o que querem e, quando querem, aproveitam-se simplesmente de uma má interpretação da pedagogia moderna por simples comodismo e para aplicar a lei do menor esforço.

É muito mais difícil e requer mais conhecimentos ensinar por processos modernos que utilizar processos clássicos.

Linguagem: fala, retardo ou ausência da...

A criança que não fala depois dos dois anos deve ser considerada como suspeita de anomalia, devendo-se procurar as seguintes razões possíveis:

1) Atraso mental geral: – neste caso, há também retardo no andar, nos hábitos de asseio e na conduta geral.

2) Atraso localizado na fala: – pode provir de amadurecimento tardio ou de lesões dos centros nervosos.

3) Surdez – a criança não fala porque não ouve, ou ouve mal.

4) Choque emocional violento: – a criança tinha começado a falar, levou um grande susto e perdeu a fala.

5) Distúrbios da personalidade: – a criança não fala por oposição do ambiente, porque não quer, ou ainda porque está submetida a castigos corporais de tal ordem, que inibiram completamente seu desenvolvimento.

Malcriado

Chamar um filho de "malcriado" é negar o seu trabalho de educador! Uma criança não tem culpa de ser malcriada; os que se queixam da "má-criação" foram os que malcriaram; atrás da palavra "Malcriado" se esconde uma série de condutas diferentes: falta de cortesia e de polidez, uso de palavrões etc.

A falta de cortesia e de polidez é devida à culpa dos educadores que não acostumam os filhos, desde cedo, a terem boas maneiras. Pode ser, também, o caso dos palavrões. Quantos professores, ao avisar um aluno, que "isso não se diz" receberam como resposta: "Meu pai diz isso em casa!" Não existe nenhum processo educacional "moderno" contra tal argumento.

O contrário também acontece: crianças bem criadas em casa, ao frequentar a escola, voltam usando palavrões.

Neste caso é preciso explicar por que não se diz tal palavra; mas, é impossível evitar que ela "saia" uma vez ou outra, quando então faremos de conta que não a ouvimos.

Para a tristeza nossa, a malfadada gíria também é a linguagem oficial de nossos escolares!

Mau aluno – más notas escolares

Se o seu filho tem más notas na escola ou não consegue passar de ano, é indispensável verificar por meio de testes psicológicos e exames médicos, quais as causas.

1) *atraso mental* (existente em 10% de crianças em idade escolar);

2) *inaptidões para certas matérias* (matemática, português etc.);

3) *deficiência fisiológica* (intoxicação, subnutrição, adenoides, insuficiência visual ou auditiva etc.);

4) *crise de caráter* (preocupação, recalques, crise da puberdade etc.).

Quando a causa é de ordem fisiológica se impõe o tratamento médico; na insuficiência mental ou por inaptidão, é indicado o professor especializado; na crise de caráter, a psicanálise é a única solução para um melhor rendimento escolar. Aplicada à criança... ou aos pais.

Medos

Os "medos" são frequentes em crianças de todas as idades.

Entre um mês e dois anos temem as situações novas, os barulhos repentinos, as pessoas desconhecidas, sobretudo quando a mamãe sai!

Entre três e seis anos são amedrontados pela escuridão, pela tempestade, pelos animais, e pela demora dos pais que não chegam na hora habitual.

Na idade escolar predominam os medos provenientes da própria imaginação da criança; têm medo dos fantasmas, das pessoas que possam estar escondidas, dos ladrões, das bruxas, do bicho-papão, do Saci, da morte dos pais; nessa idade começam a fazer medo aos colegas, irmãos e pais.

Há crianças que temem tudo, são medrosas, saindo do comportamento normal das outras crianças; neste caso; impõem-se os exames psicológicos e médicos.

Memória, falta de...

A falta de memória muito prejudica a vida escolar, visto estar o nosso ensino, em grande parte, baseado ainda na memorização.

Na maioria das vezes quando os pais vêm nos consultar dizendo que "seu filho esquece muito", o exame psicológico revela uma deficiência intelectual; neste caso a criança deve receber um tratamento educativo especial.

Outras, porém, embora inteligentes, não retêm o aprendido porque estão cansadas, esgotadas fisicamente ou subnutridas; observações feitas, antes e durante a guerra, revelaram uma baixa de memória nos períodos de restrições alimentares.

Há ainda as que memorizam apenas quando interessadas no assunto a reter; a falta de memória é, neste caso, simples sinônimos de falta de interesse.

Muitas doenças mentais são acompanhadas de deficiência de memória; eis porque tais deficiências devem ser olhadas com cuidado.

A pesquisa das causas que determinam a falta de memória é, em geral, indicada antes dos chamados "exercícios mnemotécnicos".

Menstruação, mal humor e...

Faz parte da psicofisiologia feminina ter, durante alguns dias do mês, crises de "mal humor" estritamente ligadas às menstruações. Muitas mulheres não são conscientes, ou simplesmente esquecem essa ligação entre os dois fenômenos, e não percebem que se estão furiosas com os seus maridos ou impacientes com os seus filhos, a razão de fato é puramente glandular!

Resultam daí numerosos desentendimentos, brigas e aborrecimentos, que muitas mães e educadoras poderiam evitar se se lembrassem da razão profunda deste estado de coisas.

Também os maridos têm o dever de conhecer este fenômeno psicológico e serem mais pacientes e tolerantes durante estes poucos dias; evitarão, assim, dar espetáculos desagradáveis diante dos filhos, o que sempre traz desequilíbrio momentâneo ou permanente à vida familiar.

Mentira, tipos de... – mitomania

"Mentiroso! Você não tem vergonha? Vai ficar de castigo! É muito feio mentir". Essas são frases clássicas ouvidas em quase todas as famílias.

Será que convém castigar uma criança que mente?
Vamos examinar mais de perto a mentira e a sua origem.

Há várias razões para uma criança mentir:

1) A criança costuma "apanhar" muito, fez alguma travessura e mente para evitar o castigo; *é a mentira de defesa.*

2) A criança não tem idade suficiente para distinguir a realidade da imaginação; por exemplo: deseja uma boneca, então conta a todo mundo que a mamãe irá comprar uma linda boneca para ela. É a *mentira fantasia.*

3) O desejo de ser valorizado também pode levar uma criança a mentir; por exemplo: uma criança sente que os pais preferem um irmão menor por ter ele melhores notas no colégio; poderá, então, chegar em casa e afirmar que tirou o primeiro lugar da sua turma. É a *mentira de autovalorização.* Essa é a sua maneira de demonstrar o seu desespero.

4) Às vezes as crianças, muito bem-humoradas, querem brincar com os pais e inventam uma história para espantá-los; estamos na presença da *mentira lúdica.*

5) Na fase em que as crianças aprendem o que é "de mentira" e o que é "verdadeiro", encontramo-las muitas vezes inventando histórias para ver a reação dos pais ouvi-los dizer, "é mentira"; poderemos chamar essas mentiras de *mentira exercício.*

6) Existe também a mentira anormal ou *mitomania* que se dá em crianças e mesmo em adultos que costumam mentir sem nenhuma razão aparente e de maneira frequente; a "mitomania" deve ser encarada como doença e ser tratada por especialistas.

A mentira é frequente na criança, pois a distinção entre a realidade e a imaginação lhe é difícil, sobretudo entre quatro e seis anos. De seis a nove anos as mentiras são mais frequentes em crianças de pais severos, constituindo uma defesa contra o castigo. Convém notar que é neste período que as crianças treinam o senso da verdade, fazem questão da honestidade entre si e "experimentam" os efeitos de pequenas mentiras sobre os adultos; crianças vaidosas, vítimas de um complexo de inferioridade, mentem para

se valorizar. Ciúmes e ódios podem provocar mentiras vingativas, as chamadas calúnias.

Se as mentiras subsistirem além dessas idades ou se a frequência superar os limites da normalidade, tornando-se uma "mitomania" (a criança mente sem ter consciência da mentira), é preciso recorrer a um exame psicológico.

As más leituras e os filmes perigosos devem ser vedados às crianças mitomaníacas.

Convém ser indulgente nas pequenas mentiras da infância não esquecendo que os adultos mentem quase com a mesma frequência que as crianças, chamamos a isto "diplomacia".

Mentira, o que fazer no caso de...?

O que fazer quando a criança mente? Vamos indicar aos pais alguns processos a adotar, em função dos diversos tipos de mentira que acabamos de descrever:

1) A *mentira defesa* – Vimos que constitui uma reação ao medo do castigo. Convém os pais analisar bem se eles não estão sendo muito severos com os filhos; é preciso acostumar os filhos a dizer a verdade e talvez recompensá-los quando reconheçam francamente o seu próprio erro.

2) No caso de *mentira de fantasia*, basta chamar a criança à realidade, com carinho e compreensão.

3) Na mentira de *autovalorização*, convém acreditar no que a criança disse. Depois procurar a causa do desejo de valorização, demonstrando, em outras oportunidades, que os pais não desprezam o seu filho.

4) No caso da *mentira lúdica* basta entrar na brincadeira, divertindo-se também com as mentiras.

5) A *mentira exercício* necessita de muito tato por parte dos pais; ajudar a criança a distinguir entre o que é verdade e o que é mentira; pode-se aproveitar, por exemplo, dos contos para dizer à criança se a história é verdadeira ou se é "de mentira".

Mudança de residência

As mudanças de casa, de apartamento, cidade e mesmo de região, são cada vez mais frequentes; não há mais aquela estabilidade que se encontrava ainda outrora. Não há dúvida que tal estado de coisas tem repercussões profundas sobre a mentalidade infantil e seu comportamento. A criança para crescer normalmente e adquirir estabilidade de conduta necessita de ambiente tranquilo e de continuidade nas coisas que a cercam, isto é, encontrar a mesma parede, a mesma cama, a mesma vista da janela do seu quarto, lidar com os mesmos colegas durante muito tempo. Mais jovem a criança e mais sensível ela é às mudanças; conhecida dos psicólogos é a reação do neném que chora apavorado ao ver sua mãe pela primeira vez de chapéu; da mesma forma, um neném que muda de quarto ou mesmo de posição na cama necessita de dois ou três dias para se acostumar às novas condições.

Como é possível para muitos pais, em virtude das suas obrigações de permanecer no mesmo lugar, são necessárias certas providências para evitar que a mudança seja demasiadamente prejudicial à criança; por exemplo, é aconselhável continuar a utilizar os mesmos móveis, a mesma cor da parede e disposição idêntica dos objetos.

Nascimento, verdade sobre o...
Educação sexual

Muitos são os pais que pensam que é condenável responder com a verdade quando a criança pergunta: "Como eu nasci?" "De onde eu vim?" ...É incrível como a história da cegonha está criando problemas para os pais e os filhos; estes, porque não se lhes contou a verdade perderam a confiança nos pais e são levados a imaginar coisas comple-  tamente erradas; não podemos mais falar neste assunto com os pais, passam a fazer disso um segredo, e, muitas vezes, são levados por colegas a cercar coisa tão bela como o nascimento, de ideias "sujas" e condenáveis. É muito melhor dizer a verdade, fazendo comparação com os gatinhos ou outros animais, o que a criança compreende muito bem.

Notas escolares e vida real
É possível ter más notas na escola e acertar na vida?

Muitas pesquisas demonstram que nem sempre são os melhores alunos que têm êxito na vida; isso provém do fato de o nosso ensino estar profundamente dissociado da vida da comunidade; muito do que se ensina na escola nunca terá aplicações na vida; também o contrário é verdadeiro; elementos indispensáveis à vida em comunidade não são ensinados na escola.

Além do mais, as notas escolares não têm o valor que se lhes quer atribuir.

O novo rumo da psicologia aplicada, a "docimologia"[48], tomou o encargo de estudar os diferentes processos de exames, sugerindo soluções para corrigir os seus inconvenientes, que iremos resumir a seguir:

1) *O acaso permite* que estudantes pouco aplicados durante todo o ano escolar e cujos conhecimentos adquiridos se reduzem ao mínimo, sejam submetidos a questões que acabaram de estudar na véspera.

De outro lado, alunos muito conscienciosos, aplicados e regulares, são obrigados a dissertar sobre assuntos que estão entre os raros que não puderam ser estudados.

2) *A timidez* e inibição de candidatos inteligentes, bem dotados e instruídos, os impede de dar ao exame escolar o rendimento equivalente a seu grau de instrução; isso acontece com mais frequência do que se crê principalmente nos exames orais, e quando os examinadores dispõem de pouco tempo e se mostram, às vezes, francamente impacientes e apressados, o que atrapalha e perturba os candidatos.

3) *A memória* que permite a certos alunos "decorar" a matéria sem entender o assunto.

4) *Os examinadores* que divergem entre si nas notas e que dão graus diversos às mesmas provas dos mesmos alunos. Experiências realizadas no Distrito Federal e na França demonstram que o mesmo aluno, na mesma prova, pode receber nota baixa por um professor e alta por outro.

O sistema clássico de apreciação da eficiência escolar deve ser substituído por um sistema mais justo.

---

48 A docimologia (do grego *dokimé*,"teste") trata do estudo dos exames, de situações de avaliação e de atribuição de notas (PIÉRON, 1920).

Nível de aspiração[49]

"Eu quero ser aviador" – "Eu, quando for grande, serei mecânico" – "A minha profissão futura será advogado" – "Eu quero ser um grande comerciante" – "Serei sapateiro".

Eis algumas das afirmações que os orientadores profissionais ouvem quando, durante a entrevista com os adolescentes, perguntam-lhes o que desejam ser mais tarde, isto é, qual a profissão que querem exercer.

Por que essa diferença entre os níveis de aspiração profissional de cada um? Enquanto uns querem ser médicos, outros se contentam com as ocupações de padeiro, engraxate ou garçom.

O nível de aspiração é considerado de máxima importância na orientação profissional e mesmo na psicologia do êxito no conceito de satisfação e de felicidade pessoal.

Cada um de nós tende a ser alguma coisa ou satisfazer algum desejo; maior a distância entre o que desejamos ser e o que podemos ser, maior o nosso estado de tensão. Vivemos, na realidade, em função do nível de aspiração; enquanto não atingirmos o que almejamos não sossegamos, e quando alcançamos o nível traçado temos tendência a fazer novo ajustamento e pretender mais; quando, pelo contrário, chegamos a fracassar várias vezes, são muitos a baixar o seu nível de aspiração. Por essa razão é importante na orientação profissional verificar o que a pessoa pode ser; em outras palavras; comparar o nível de aptidão com o nível de aspiração. Por exemplo: um adolescente possui aptidões extremamente desenvolvidas em todos os setores e inteligência geral superior à normal, mas deseja ser motorista de caminhão; é necessário torná-lo consciente da sua capacidade para ingressar na universidade, pois seu nível de aspiração está abaixo do nível intelectual.

---

49 Cf. tb. "Querer e poder", parte I., cap. 2.

Isso acontece muito em camadas pobres da população onde os meninos só têm como modelo as profissões exercidas pelos pais e vizinhos e onde não se concebe uma vida diferente.

O contrário também pode acontecer: um rapaz ambicionar ser diplomata e não possuir nenhuma probabilidade de alcançar o exame de admissão ao Itamarati; seu nível de aspiração será considerado demasiadamente acima do de aptidão; a tarefa do orientador será apontar-lhe o caminho mais adequado e mais modesto.

Oposição – mania da discussão
"Espírito de contradição"

O "espírito de porco" não existe só nos adultos!

Há crianças que são sistematicamente "do contra"; a tudo que lhes pedimos respondem sistematicamente: "Não"! ou discutem até que os pais venham a ceder; obtida a primeira vitória sabem ser este o melhor caminho de conseguir o que quiserem.

Entre três e cinco anos, todas as crianças passam por uma fase em que, sistematicamente, recusam obediência. É a idade do "não", como a denominam os psicólogos, durante a qual a criança faz o treino da sua vontade própria.

Outro tipo de oposição é a do adolescente que começa a se libertar dos pais para, progressivamente, viver a sua própria vida. A oposição é, pois, uma dos traços que caracterizam a adolescência.

A insegurança e a desconfiança podem, também, provocar oposição e espírito de discussão, que são neste caso reações de defesa.

Ordem de nascimento
Constelação familiar

É interessante que os pais estejam prevenidos sobre os problemas psicológicos dos seus filhos em função de sua colocação por ordem de nascimento.

A mentalidade do filho único já foi descrita.

O filho (ou filha) mais velho se sente em geral prejudicado, pois, é ele que deve dar o exemplo, é ele que recebe as tarefas mais pesadas. Fica muitas vezes com ciúme do caçula que lhe roubou toda a atenção dos pais sobretudo quando é o único irmão.

O caçula também se sente inferiorizado; o irmão mais velho é prestigiado e favorecido por estar mais perto dos adultos; na hora de dormir, por exemplo, o mais velho sempre pode deitar-se mais tarde.

E as crianças do "meio", chamadas crianças-sanduíche, sentem-se esquecidas, pois, o mais velho tem todos os privilégios, inclusive de lhes dar ordem, e o caçula recebe todas as atenções e carinhos.

A *colocação da criança* na constelação familiar tem grande influência sobre a formação da sua personalidade.

Orientação educacional no ensino secundário

A orientação educacional, conforme está prevista em lei[50], é a assistência ao educando com a colaboração de seus pais e professores, no sentido do desenvolvimento de sua personalidade e também da resolução dos casos problemas, assim como o aconselhamento dos alunos na escolha da profissão mais indicada, segundo a capacidade, preferência e personalidade. Convém frisar que a orientação educacional de casos com problemas seria, em grande parte, desnecessária se a família preenchesse seu papel como deveria. É pela deficiência cada vez maior de assistência à família, às crianças e adolescentes, que a escola se vê na obrigação de suprir, através da orientação educacional, essa lacuna psicopedagógica.

No que se refere à orientação profissional, podemos dizer que é indispensável, pois permite evitar perda de tempo e de dinheiro, em estudos inúteis, além de impedir desajustamentos profissionais. Não devemos esquecer que a profissão constitui para todos nós, metade de nossa vida. Errar a profissão nos leva a enfrentar problemas sérios e de certa complexidade.

No caso específico do ensino secundário, é possível:

1) Aconselhar aos pais sobre o melhor curso para seus filhos (científico ou clássico) (cf. nota 4);

2) Verificar se o adolescente possui aptidões e vocações para atividades comerciais ou industriais. Neste caso, haverá indicação para outros cursos de grau médio;

---

50 Decreto-lei 4.073, de 30 de janeiro de 1942. O orientador educacional vivenciou diferentes períodos, contudo na década de 1990 o profissional ganhou espaço junto a Lei de Diretrizes e Bases, amparando legalmente o profissional delegando-lhe a obrigatoriedade de possuir formação em pedagogia ou pós-graduação (GRINSPUN, 2001).

3) Fazer um prognóstico quanto aos estudos superiores, os quais são acessíveis apenas a uma minoria.

Quanto aos casos com problemas de rendimento ou de conduta escolar, necessitam eles de assistência especial. Estes casos aparecem em número bastante elevado, pois somente em São Paulo o Serviço de Higiene Mental Escolar recenseou 50% de crianças com problemas.

Pais, desarmonia entre os...
Discussões entre os...

A desarmonia entre os pais tem repercussões tremendas na alma dos filhos; deve-se evitar discussões em presença das crianças, não só pelo mau exemplo dado como também por outros motivos. Há casos de desentendimentos de tal ordem, onde o desquite[51] é indicado como a única solução. Que fazer com as crianças? Que atitude tomar? É realmente difícil dar regras gerais, pois, cada caso deve receber a sua solução em função das suas características individuais (temperamento de cada um dos pais, idade das crianças, tipo de conflito, personalidade da criança etc.). Em todos os casos é indispensável evitar que a criança presencie cenas, devendo-se progressivamente adaptá-las à realidade, a fim de que aceite o fato como sendo "uma coisa que acontece", sem prejuízo do seu desenvolvimento futuro.

Se a criança guarda contato com os dois pais, deverão ser dadas instruções para que nenhum critique as atitudes do outro em presença da criança.

---

51 Em 1977 o "divórcio" foi instituído oficialmente, sendo que o "desquite" passou a ser chamado de "separação", permanecendo como um estágio intermediário até a obtenção do divórcio.

Peneiragem

Demos o nome de "peneiragem" psicológica à operação chamada em França de *dépistage*; o trabalho de peneiragem consiste em reconhecer dentro de qualquer grupo de pessoas, crianças ou adultos, as que apresentam algum problema ou alguma doença; todo mundo já está acostumado ao exame periódico de radiografia pulmonar, cujo objetivo é reconhecer a tempo a tuberculose.

No plano psicológico, é perfeitamente possível realizar trabalho idêntico; como proceder?

Pela aplicação coletiva ou individual de testes de nível mental ou de personalidade, está hoje ao alcance de qualquer psicólogo reconhecer entre escolares os que apresentam desajustamento da personalidade ou atraso sério[52].

Podemos citar numerosos exemplos da viabilidade e utilidade da peneiragem psicológica; certo dia, fomos procurados por um jardim de infância, para realizar a peneiragem psicológica; aplicamos testes rápidos de inteligência e descobrimos, no grupo de trinta crianças, duas apresentando défice intelectual e algumas outras com problemas de desajustamento da personalidade, tais como "nervosismo" instabilidade, excessiva timidez, brutalidade etc.

Lembro-me que, uma das crianças com retardo, foi submetida, após exames médicos e psicológicos completos, a exercícios educativos especiais, a fim de treinar a sua memória, o seu raciocínio e sua capacidade de percepção; essa criança pode ser considerada, hoje, como completamente recuperada; sem a peneiragem psicológica essa criança seria, talvez, considerada hoje como irrecuperável.

---

52 Os testes se referem à avaliação neuropsicológica, realizada por psicólogos para a avaliação das "funções mentais superiores", utilizando testes psicológicos específicos, padronizados e validados.

Mais cedo se realiza a peneiragem psicológica e maior probabilidade ter-se-á de recuperar as crianças com problemas.

Personalidade, exame da...

A psicologia moderna fez tais progressos que é hoje possível determinar (graças às novas técnicas de investigação da personalidade) depois de ter examinado a criança, qual foi a influência da educação recebida e quais as consequências sobre a formação da sua personalidade.

Por meio de fábulas, de interpretação de manchas de tintas, de observações do brinquedo, do desenho, da modelagem, da pintura e do teatro, pode-se determinar se uma criança tem pais unidos ou não, meigos ou rígidos, pacientes ou irritáveis e qual a reação dos filhos.

O que há de maravilhoso nesse processo é que o psicólogo pode chegar a tais conclusões sem fazer uma só pergunta à criança quanto à sua vida familiar.

Preguiça

As causas de chamada preguiça são diversas e, quando encontradas, provam que a criança não é culpada. Glândulas que funcionam mal, cansaço por dormir tarde, má visão ou audição, má alimentação, são as causas físicas mais comuns.

Preocupações devido a conflitos com os irmãos, primeiros namoros, severidade excessiva dos educadores, podem levar a criança a ter más notas na escola.

Quantos são os pais que dizem a seus filhos: "você é preguiçoso", quando, na realidade, ele não aprende porque não tem inteligência suficiente para isso.

Atrás da "preguiça" existem causas que, quando encontradas, permitem tomar medidas adequadas.

Não resolvem as palmadas.

Professor[53], personalidade do...

A personalidade do professor é talvez mais importante que a sua própria cultura geral, para o êxito na sua profissão.

Professor impulsivo, agressivo e irritável, não consegue por muito tempo manter a disciplina na sua aula; a cada grito e atitude aborrecida, enfraquece ele a sua posição e seu prestígio em relação aos alunos que passam a ficar cada vez mais irrequietos e impertinentes.

Professor tímido, inibido e com medo de enfrentar a sua turma, também nunca conseguirá obter dos seus alunos o respeito necessário ao educador.

O professor deve ser uma pessoa muito equilibrada; deve manter atitudes aos mesmo tempo meigas e firmes; exigente, quando se trata de acabar a tarefa iniciada e tolerante diante de inaptidões e incapacidades; deve poder obter de cada aluno o máximo de esforço, estimulando no máximo e evitando ralhar e castigar.

---

53 Cf. tb. parte III, cap. 1.

Provas escolares

Como corrigir os defeitos dos exames escolares?

O acaso, a timidez, a memória e o coeficiente pessoal dos examinadores são causa de injustiças muito grandes nos exames de admissão[54], parciais ou de fim de ano.

A "docimologia ou ciência dos exames[55] procura corrigir esses defeitos da seguinte maneira:

1) Dar um grande número de perguntas ou problemas, a fim de evitar o acaso do "sorteio" de pontos.

2) Iniciar por perguntas fáceis, o que tem por vantagem dar confiança aos mais medrosos e tímidos.

3) Dar perguntas ou problemas já previamente experimentados e dos quais se conhece experimentalmente o grau de dificuldade.

4) Redigir perguntas de tal modo a ter a possibilidade de dar uma só resposta certa, eliminando assim a possibilidade de dois professores divergirem quanto à conexão.

5) No caso de provas onde intervém o feito qualitativo, como por exemplo o estilo de uma redação ou a pronúncia de língua estrangeira, utilizar vários examinadores a fim de evitar o subjetivismo.

---

54 Nessa época, o curso primário (hoje anos iniciais do Ensino Fundamental) tinha 5 anos e para passar para o ginásio (hoje anos finais do Ensino Fundamental) era necessário fazer um temido exame de conhecimentos gerais: matemática, português, história, geografia e ciências, que se chamava exame de admissão ao ginásio. A idade dos alunos ao fazer esse exame variava entre 10 e 12 anos.

55 Cf. nota 48.

Psicoterapia – neuroses, tratamento das...

A psicoterapia da criança é um processo de tratamento das neuroses infantis, que dizer, dos distúrbios da personalidade que não têm origem orgânica preponderante.

A cura das crianças agitadas, nervosas, tímidas, hiperagressivas, mentirosas etc. é feita através de brinquedos, pinturas, modelagens, teatro e desenhos.

A pessoa que faz esse tratamento precisa ser especializada por curso superior técnico e prático em psicologia das crianças, tendo se submetido de preferência ela mesma, a uma psicanálise, e além do mais, se não for médico, trabalhar em colaboração com o médico da família ou outro.

Deve ser considerada charlatã toda pessoa que sem ter o preparo e os títulos correspondentes fizer psicoterapia da criança.

Recusa de alimentos – anorexia

Nada mais pode desesperar tanto os pais do que uma criança que "recusa se alimentar".

É conhecido pelos psicólogos que todas as crianças se recusam a comer "certos" alimentos em "certas" etapas de sua evolução; as razões ainda são pouco conhecidas, mas, é fato que isso acontece quando elas estão diante de pratos desconhecidos; insistir muito para que a criança coma, corresponde a aumentar o desgosto pelo alimento, e às vezes incompatibilizá-la definitivamente.

Algumas repulsões para com determinados alimentos têm a sua explicação médica; outras provém de choque recebidos na ocasião ou imediatamente após a ingestão do alimento.

Certas crianças, e sobretudo adolescentes, não comem por protesto inconsciente ao meio ambiente, ou ainda, por angústia a respeito de certos problemas sexuais.

Quando o adolescente recusa sistematicamente o alimento, é preciso alertar o médico.

Relações humanas

O termo "relações humanas" está na moda. Há muita confusão em torno dele, e não é demasiado defini-lo.

Relações humanas não é nada mais do que o sinônimo de "psicologia social aplicada". Consiste em estudar as aplicações de conhecimentos das relações entre as pessoas, entre os grupos, entre os grupos e as pessoas, entre os dirigentes e os dirigidos. Nesse sentido o estudo das relações humanas na escola consiste em conhecer as relações entre os alunos e seus professores, dos alunos entre si e dos alunos em relação ao seu grupo.

Roer as unhas – onicofagia

"Roer as unhas" é um comportamento encontrado frequentemente em crianças e adultos, sendo quase sempre sinal de "alguma coisa" que não está andando bem na mente da pessoa.

A onicofagia é frequente em crianças impulsivas, irrequietas e agressivas, encontrando-se também nas preocupadas e neuróticas.

Muitos pais, para corrigir o mau hábito, colocam pimenta nos dedos da criança; essa medida está profundamente errada, vindo apenas a complicar o caso.

A única maneira de combater a onicofagia é agir sobre a personalidade total da criança modificando o sistema educativo com orientação de um especialista em psicologia da criança.

Roubos – furtos*
Sociabilidade, evolução da...

É possível, graças a inúmeros trabalhos realizados pelos psicólogos de todo o mundo, descrever diferentes etapas no desenvolvimento da sociabilidade na criança; há, com efeito, algo de comum na maneira com a qual as crianças adaptam-se ao ambiente:

1) Um período de instabilidade, turbulência e confusão entre aproximadamente um ano e dezoito meses, seguido de um período de maior obediência e disciplina.

2) Um período de oposição sistemática aos pais e educadores; é a idade do "não", que foi comparada à crise da adolescência e está acompanhada de forte atividade glandular; esse período indica-se com três anos, e consiste num treino para distinguir o "eu", quer dizer, a pessoa da criança em relação às outras pessoas.

3) Um período de socialização propriamente dito, onde a criança começa a procurar entender as outras pessoas; salvo breves períodos de agitação, é o período mais calmo do desenvolvimento da personalidade, estendendo-se de sete a onze anos, aproximadamente.

4) Um período longo de rebeldia, a procura de ser original, durante o qual o adolescente desliga-se aos poucos dos seus pais. É a crise da adolescência cuja demora varia em função do meio, sendo mais curto quando o adolescente tem de trabalhar cedo.

Sociabilidade, educação da...

Fazer os filhos participarem ativamente da vida de grupos de crianças é algo que permite desenvolver muito as possibilidades futuras de ter êxito na vida.

---

* Cf. *Relações humanas na família e no trabalho*, do mesmo autor.

As atividades em grupo são numerosas e numerosos são também os tipos de grupos de crianças; existem grupos espontâneos, tais como os que formam para brincar de bola de gude ou de boneca, ou ainda para os jogos de recreio escolar; existem também grupos organizados, como clubes esportivos, os lobinhos, fadas e escoteiros.

Trabalhar ou brincar em grupo, desenvolve nas crianças várias qualidades:

1) A sociabilidade. Pelo fato de lidar com muitas crianças, diariamente ou com certa frequência, ter relações com outrem torna-se hábito;

2) O controle sobre os instintos. A criança quando bate na outra recebe resposta igual e constata, aos poucos, que não está lucrando em brigar;

3) O desejo de se aperfeiçoar. A criança que faz parte de um grupo faz confronto entre si e os outros, passando a imitar as qualidades dos que têm êxito no grupo; é assim que, por exemplo, passam a querer ler os mesmos livros ou fazer os mesmos estudos;

4) O respeito às regras. Em qualquer grupo de crianças há quase sempre regras a serem seguidas; essas regras podem ser as do jogo ou da própria organização do grupo, como é caso da lei dos escoteiros; a criança se vê forçada a seguir as regras, pois sabe que se não o fizer será rejeitada pelo próprio grupo.

5) A arte de dirigir. Certas crianças mostram cedo o gosto pela direção de grupos; quando integradas cedo num grupo, terão elas oportunidade de treinar cedo tais técnicas.

Sonhador – mundo da lua

A criança que está sempre "no mundo da lua", que é sonhadora ao extremo, deve ser observada para se constatar até que ponto esse comportamento é normal.

O sonho acordado é em geral um refúgio, uma fuga da realidade, sobretudo quando se torna impossível de ser vivida.

Os filhos únicos, em geral, são sonhadores, pois, não tendo com que brincar, suas atividades se tornam imaginárias. As crianças de temperamento "introvertido" também são sonhadoras.

A crise da puberdade se traduz por devaneios, sobretudo sexuais.

Quando o devaneio se torna tão acentuado que a criança perde completamente o contato com a realidade, devem ser tomadas medidas especiais.

Suicídio

O suicídio é, felizmente, reação relativamente rara na criança, porém, já mais frequente na adolescência.

Conheço casos de crianças que passam o seu tempo ameaçando jogar-se pela janela; em geral escolhem uma janela onde há poucos perigos de se machucar, caindo; são, em geral, crianças que utilizam o suicídio como meio de chantagem afetiva sobre os pais; também certas crianças vítimas de "complexo de abandono", quer dizer, com medo de serem abandonadas pelos pais ou de verem os seus irmãos preferidos a elas, organizam cenas de suicídio; em realidade esses tipos de suicídio podem não chegar a serem executados, e desaparecem se os pais não se deixam levar pela chantagem.

Mais raros são os casos de verdadeiros suicídios em crianças e adolescentes; devem ser considerados como sintomas de doença mental ou de distúrbios muito sérios de alçada da psiquiatria infantil[56].

---

56 Atualmente, de acordo com a Organização Mundial da Saúde, o suicídio constitui-se um problema de saúde pública mundial e é a terceira causa de mortes entre jovens entre 15 e 35 anos.

De qualquer maneira, criança ou adolescente que tem "mania" de suicídio precisa ser examinado por especialistas; pois, tanto o indivíduo como muitas vezes a família, precisam de tratamento e reeducação adequados.

Televisão – influência nas crianças

Fatos curiosos e bastante instrutivos são revelados no livro de Nancy Larrick *A Parent's Guide to Children's Reading*. Mostra, em primeiro lugar, a influência da TV na aprendizagem da leitura, aprendizagem deformada pela propaganda, pois muitas crianças reconhecem palavras como Band-Aid ou Alka-Seltzer, antes de saber ler cachorro ou gato.

A maioria das crianças é capaz de se lembrar dos nomes de quarenta a cinquenta produtos diferentes.

Escrever o autor que se se tomasse o tempo semanal de assistência da criança na TV, se chegaria a verdadeiras surpresas, conforme os números que publica e que reproduzimos a seguir:

Idade	Horas por semana
Abaixo de seis	25
de 6 a 10	23
de 19 a 12	21
de 12 a 14	16

Certas crianças gastam tanto tempo na TV quanto na escola. Pode se observar também que são as crianças mais jovens que assistem mais aos programas.

Testes – aptidões

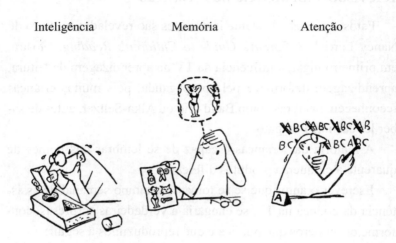

Como "medir" as nossas aptidões

O "teste" é um meio utilizado pelos psicólogos para medir as principais funções mentais[57].

Os "testes" de inteligência consistem em geral de um certo número de problemas, concretos ou abstratos, a resolver.

Nos "testes" de memória, pede-se ao indivíduo que retenha um certo número de imagens, frases, números, objetos etc.

Os "testes" de atenção consistem em riscar uma certa letra dentro de um texto, ou uma série de sinais entre outros diferen-

---

57 Cf. nota 52.

tes; ou ainda apertar um certo botão quando determinada luz se acender etc.

São muitos ainda os que confundem teste com simples prova.

Existem, no entanto, grandes diferenças entre os dois processos de medida de rendimento: teste não é um simples conjunto de perguntas elaboradas por um professor; é algo muito mais complexo; cada pergunta de um teste foi previamente aplicada a centenas e, muitas vezes, a milhares de crianças ou adultos, conforme o caso. Os itens são depois introduzidos no teste, tomando-se em consideração o seu grau de dificuldade; o conjunto é depois aplicado em caráter experimental a fim de conhecer:

1) O seu grau de precisão como instrumento de medida, assim como as normas que permitam julgar os examinados na prática.

2) A sua fidedignidade, isto é, a sua capacidade de medir a mesma coisa com intervalos de um mês a vários anos.

3) A sua validade, isto é, a sua capacidade de medir aquilo que se pretende realmente medir com ele.

É necessário muito cuidado na aplicação e interpretação de um teste, que só deve ser utilizado por pessoas experimentadas e formadas para esse fim ou sob a orientação destas.

Timidez

A timidez excessiva dos filhos deve ser encarada com seriedade. Provém, em geral, de um complexo de inferioridade cultivado pelos pais ou irmãos. "Você é burro", "você não serve para nada, nunca será nada na vida", são frases que desenvolvem na criança sentimento de insegurança e não a deixa confiar em si mesma e geram timidez que poderá acompanhá-la durante toda a vida, prejudicado suas relações sociais e futuras.

O excesso de castigos, sobretudo os corporais, leva um filho à timidez passando, em geral, a ter atitude de "cão abatido".

As crianças superprotegidas "criadas em algodão", podem se tornar tímidas quando em contato com um novo ambiente, como por exemplo, a escola.

Há, porém, indivíduos que são tímidos por natureza, e têm físico mais fino e magro (biotipo frequente nos tímidos).

Convém estimular as crianças tímidas dando-lhes pequenas responsabilidades, louvando-as nos acertos ou numa boa ação, evitando as críticas e castigos.

Tique

O tique é um gesto repentino, consciente, mas involuntário e inútil. Piscar os olhos, encolher as sobrancelhas, franzir o nariz, dar tossidelas, chacoalhar os ombros, voltar repentinamente a cabeça, mexer com o colarinho etc. são tiques.

O estado psíquico de uma criança com tiques é de sofrimento, pois, não conseguindo livrar-se deles, se envergonha.

Muitos tiques tinham, inicialmente, sua utilidade; provindo, por exemplo, de reações de defesa (piscar por irritação do olho, coçar por irritação da pele etc.) conservando-se por hábito.

Entretanto, em quase todos os casos de tiques, encontram-se problemas de natureza familiar e educacional, razão pela qual são tratados também por psicoterapia.

A experiência mostra que a reeducação pela vontade não produz efeito nos tiques; suprimindo um tique aparece outro.

Vida, planejamento da...

É possível planejar e construir uma vida? É possível prever quais os caminhos certos e quais os errados?

Quando se constrói uma casa ou um edifício, o arquiteto toma o cuidado de estudar antes o terreno e de fazer uma planta em função deste; no entanto a memória das pessoas, quando tem de tomar decisão vital para a sua vida como a escolha da profissão, de estudo ou de cônjuge, não toma precauções nenhuma; pelo contrário, deixa a escolha ao acaso dos primeiros encontros ou de influências fortuitas; enquanto o arquiteto o planeja, antes de construir um edifício, o homem comum deixa a vida nas mãos da Fortuna.

A psicologia aplicada permite ajudar as pessoas e sobretudo os adolescentes a fazerem *planos de vida*; antes de ingressar num curso, de abraçar uma profissão ou de casar convém fazer um exame psicológico e médico completo; só assim poder-se-á saber se a pessoa tem aptidões para o curso desejado, quais as profissões perigosas para sua saúde, e qual o seu grau de maturidade para o casamento.

Referências

CONCEIÇÃO, J.T. (2012). *Internar para educar* – Colégios-internatos no Brasil (1840-1950). Tese (Doutorado em História) – Faculdade de Filosofia e Ciências Humanas, Universidade Federal da Bahia, Bahia.

FREIRE, P. (2006). *Pedagogia da autonomia*: saberes necessários à prática educativa. São Paulo: Paz e Terra.

GESELL, A. & ILG, F.L. (1949). *Child Development, an Introduction to the Study of Human Growth*. Nova York: Harper & Row.

GESELL, A.; ILG, F.L. & AMES, L.B. (1974). *Infant and child in the culture of today*: the Guidance of Development in Home and Nursery School. Nova York: Harper & Row.

GESELL, A.; THOMPSON, H. & AMATRUDA, C. S. (1938). *The Psychology of Early Growth, including Norms of Infant Behavior and a Method of Genetic Analysis*. Nova York: The Macmillan Company.

GRINSPUN, M.P.S. (2001). *A orientação educacional* – Conflito de paradigmas e alternativas para a escola. 5. Ed. São Paulo: Cortez.

KRETSCHMER, E. (1921). *Physique and Character*: An Investigation of the Nature of Constitution and of the Theory of Temperament. Nova York: Harcourt-Brace.

LACOMBE, L.J. (1942). *A vida e a escola*. Taubaté: SCJ.

_____. (1936). *Moral e educação cristã*. Petrópolis: Vozes.

MITRE S.M. (2008). Metodologias ativas de ensino-aprendizagem na formação do profissional de saúde: debates atuais. *Ciência e Saúde Coletiva*, 13(2), p. 2.133-2.144.

PIÉRON, H. (1920). *Examens et docimologie*. Paris: PUF.

POLANCZYK, G. (2012). *Psiquiatria da infância e adolescência*. Barueri: Manole.

ROMANELLI, O.L. (1996). *História da educação no Brasil* – 1930-1973. 18. ed. Petrópolis: Vozes.

SACONI, R. (2014). Disciplina 'Educação Moral e Cívica' foi imposta pela ditadura. *Acervo Estadão*, 06/05 [Disponível em: https://acervo.estadao.com. br/noticias/acervo,educacao-moral-e-civica-criacao-da-ditadura,10033,0. htm].

SASSAKI, R.K. (2003). Como chamar as pessoas que têm deficiência. São Paulo: RNR [disponível em: http://sivc.saci.org.br/files/chamar.pdf].

SZONDI, L. (1944). *Schicksalsanalyse*. Basileia: Schwabe.

Índice geral

Sumário, 7

Prefácio de Sandra Márcia Tolomelli, 11

Prefácio de Márcia Helena Fávero de Souza, 15

Introdução, 19

Parte I – Conheçamos a nós mesmos, 23

1 Por que somos assim?, 25
    § 1 O que é a personalidade?, 25
    § 2 As nossas funções intelectuais, 26
    § 3 O temperamento e o caráter, 28
2 Querer e poder, 32
    § 1 O que esperamos da vida?, 33
    § 2 Explicação das nossas atitudes na vida, 35
    § 3 O equilíbrio entre o poder e o querer, 37
3 Razões das nossas simpatias e antipatias, 38
    § 1 As origens inconscientes da simpatia, 40
    § 2 "Genotropismo" e simpatia, 41
    § 3 A relação "figura-fundo" e simpatia, 42

Parte II – Pais, professores e alunos nas suas relações humanas, 45

1 Pais e filhos nas suas relações humanas, 47

§ 1 Indiferença e rejeição, 49

§ 2 Pais superprotetores, 50

§ 3 A brutalidade, 50

§ 4 Pais rígidos e autoritários, 51

§ 5 Pais democráticos, 52

2 A arte de saber falar e de saber calar na educação, 54

§ 1 O silêncio da psicanálise, 55

§ 2 O silêncio na educação dos filhos, 56

§ 3 Falar ou calar no ensino?, 57

§ 4 O silêncio no conflito entre as pessoas, 58

3 Relações humanas entre a família e a escola, 60

§ 1 Como escolher um colégio?, 61

§ 2 Como preparar um filho para o colégio?, 63

§ 3 Erros a evitar nas relações entre pais e professores, 65

§ 4 O boletim de notas, 65

§ 5 Os deveres escolares, 66

§ 6 Os clubes de pais e mestres, 66

4 Relações humanas entre professores e alunos, 68

§ 1 A personalidade do professor ou professora, 69

§ 2 Atitude de professores e a reação dos alunos, 72

5 Os educadores diante da revolta dos jovens, 75

§ 1 A função social da juventude, 76

§ 2 Função de assimilação da cultura, 77

§ 3 Função de transmissão da cultura, 77

§ 4 Função assistencial, 78

§ 5 Função de mudança social, 79

A) Reação passiva, 79

B) Função de mudança ativa, 81

§ 6 Educação para liberdade, 82

Parte III – O papel do professor na educação, 85

1 A vocação do professor, 87

§ 1 Professor tradicional e professor moderno, 87

§ 2 Contraindicações para o magistério, 89

§ 3 Motivações negativas, 91

§ 4 Motivações positivas, 94

§ 5 Motivação e realidade, 95

2 Como ensinar?, 96

§ 1 O ato de aprender, 97

§ 2 Influência do ambiente na aprendizagem, 100

§ 3 Bases fisiológicas da aprendizagem, 101

§ 4 Os métodos de ensino, 102

§ 5 A motivação na aprendizagem, 107

§ 6 Castigos e recompensas na escola, 109

§ 7 Tipos de motivação, 111

**Parte IV – Pequeno dicionário de psicologia educacional
para os pais e professores, 115**

Agitação, irrequietude, instabilidade, 117

Agressividade – brutalidade, 118

Aprendizagem programada (máquinas de ensinar), 119

Assistência à criança excepcional, 120

Atenção, 121

Banheiro, trancar-se no..., 122

Bilinguismo, 122

Casamento, preparo das meninas para o..., 123

Canhotismo, 123

Castigos – recompensas, 125

Chicote – chinelo, 126

Choraminga, 127

Choro de neném, 128

Chupar o dedo – chupeta, 129

Cinema – televisão, 129

Crianças com problemas (estatísticas), 130

Crianças abandonadas – internato (Colocação familiar), 131

Crueldade – sadismo, 132

Cursos profissionais – ginásio é..., 132

Denúncia – delação, 134

Destruição, espírito de..., 135

Desencaminhamento de menores, 135

Deveres escolares, 136

Diploma, 140

Educação moral – esportes, 141

Educação sexual, 142

Educador, professor – sexo do..., 142

Emulação – ciúmes – comparações entre irmãos, 143

Ensinar, arte de... – interesse, 143

Enurese noturna, 144

Escolaridade, prolongamento da..., 145

Escolha da profissão, influência dos pais na... (Orientação profissional), 146

Escotismo – educação (crianças difíceis), 146

Estudar, como..., 147

Estudos secundários, 148

Exames escolares – orientação profissional, 148

Família, importância da... (Internamento), 149

Férias, 151

Filho único, 152

Fracasso na vida, 153

Futuras mães, 154

Gagueira, 155

Hábitos de asseio – penico (Educação do asseio), 157

Indiferença – insensibilidade (Cegueira moral), 158

Informação ocupacional, 159

Inteligência, hereditariedade..., 160

Interesses profissionais, sexo e..., 161

Internato, 161

Introversão, 163

202

Jardim de infância, 163

Jornais, sensacionalismo nos..., 164

Juiz de menores, 165

Leitura (dificuldades nas dislexias), 166

Liberdade na educação, 167

Linguagem: fala, retardo ou ausência da..., 168

Malcriado, 168

Mau aluno – más notas escolares, 169

Medos, 169

Memória, falta de..., 170

Menstruação, mal humor e..., 171

Mentira, tipos de... – mitomania, 171

Mentira, o que fazer no caso de...?, 173

Mudança de residência, 174

Nascimento, verdade sobre o... (Educação sexual), 175

Notas escolares e vida real (É possível ter más notas na escola e acertar na vida?), 175

Nível de aspiração, 177

Oposição – mania da discussão ("Espírito de contradição"), 178

Ordem de nascimento (Constelação familiar), 179

Orientação educacional no ensino secundário, 180

Pais, desarmonia entre os... (Discussões entre os...), 181

Peneiragem, 182

Personalidade, exame da..., 183

Preguiça, 183

Professor, personalidade do..., 184

Provas escolares, 185

Psicoterapia – neuroses, tratamento das..., 186

Recusa de alimentos – anorexia, 186

Relações humanas, 187

Roer as unhas – onicofagia, 187

Roubos – furtos (Sociabilidade, evolução da...), 188

Sociabilidade, educação da..., 188

Sonhador – mundo da lua, 189

Suicídio, 190
Televisão – influência nas crianças, 191
Testes – aptidões, 192
Timidez, 193
Tique, 194
Vida, planejamento da..., 194

Referências, 197